Mein Geh

Wien, Sophia, Konstantı

Kleinasien usw.

Mann, der mit dem Kaiser speiste

Writat

Diese Ausgabe erschien im Jahr 2024

ISBN: 9789361464133

Herausgegeben von
Writat
E-Mail: info@writat.com

Inhalt

KAPITEL I

EINLEITEND

„Hatten Sie Angst?" – Über mich – Der Krieg findet mich in England – Die deutsche Kriegsmaschinerie – Meine Reisen – Das deutsche Spionagesystem – Meine drei Reisen – Ich werde Arbeiter bei Krupp – Ich reise in Schokolade – Meine wichtigste Reise – Die Risiken – Beweise – Mein Empfang in England.

Ich bin kein Spion, das möchte ich klarstellen. Ich bin Journalist und ich liebe meinen Beruf. Genauso sehr liebe ich Abenteuer und Sport, den großartigsten Sport der Welt, bei dem es um das Leben des Spielers geht.

„Hatten Sie jemals Angst?", fragte mich kürzlich ein junges und charmantes englisches Mädchen.

„Angst!", antwortete ich. „Hören Sie! Stellen Sie sich vor, Sie hätten zwei Karten auf der Haut, auf denen deutsche U-Boot-Stützpunkte, Militäranlagen und dergleichen eingezeichnet sind. Dann werden Sie von einem halben Dutzend deutscher Geheimdienstoffiziere verhört . Das geringste Zögern, das geringste Stocken in einer Antwort und auf eine Handbewegung bringen Sie zwei deutsche Soldaten in einen Nebenraum, ziehen Sie aus und – zehn Minuten später sind Sie tot."

Das Mädchen errötete: In meinem Ernst hatte ich es vergessen. Ja! Ich habe oft Angst gehabt; doch mit dem Instinkt des Spielers habe ich das Spiel fortgesetzt , das früher oder später wahrscheinlich in einer kleinen Episode enden wird, in der die Protagonisten ich und ein Erschießungskommando sein werden – irgendwo im Feindesland.

Ich bin Bürger eines neutralen Landes. Die Leute in hohen Positionen, die es betrifft, wissen alles über mich, haben meine Pässe gesehen, die Reste meiner Fahrkarte für den Balkan-Express mit der Perforation „18-1-16" untersucht und können anhand der Kette von Dokumenten, die ich besitze und von denen kein einziges Glied fehlt, bezeugen, dass ich tatsächlich dort gewesen bin, wo ich es behaupte.

Als der Krieg ausbrach, befand ich mich in England und sah sofort in diesem schrecklichen Kampf große Möglichkeiten für mich. Ich bin 26 Jahre alt und spreche neben meiner Muttersprache Englisch, Deutsch, Französisch und Flämisch. Ich hatte vor Ausbruch des Krieges in England gelebt und es nach meinem eigenen Land mehr lieben gelernt. Ich wollte unbedingt in diesem großen Kampf helfen und beschloss, so viel wie möglich über die große deutsche Kriegsmaschinerie herauszufinden. Zwölf Monate lang war ich mit dieser interessanten Aufgabe beschäftigt und besuchte Frankfurt, Hanau, Neuwied, Essen (und andere Städte in Deutschland), Wien, Budapest , Bukarest , Sofia, Konstantinopel, Brasso , Rustschuk , Adrianopel, Nisch, Belgrad, Konia (Kleinasien) usw. Nebenbei habe ich bewiesen , dass das deutsche Spionagesystem nicht so perfekt ist, wie es von vielen in diesem Land angenommen wird.

Insgesamt habe ich die feindlichen Länder dreimal besucht, jedes Mal unter demselben Namen, aber in einem anderen Beruf. Zuerst war ich Arbeiter und überquerte die Grenze in schamlos schäbiger Kleidung und mit sehr wenig Gepäck. Ich gab vor, Stahlbohrer zu sein , da ich in diesem Beruf nur sehr geringe Erfahrung hatte, die ich für meinen Besuch gesammelt hatte. In dieser Verkleidung betrat ich das deutsche Allerheiligste, die berühmten Krupp-Fabriken in Essen. Hier arbeitete ich einige Tage, bis herauskam, was für ein entsetzlich schlechter Arbeiter ich war. Es folgte eine fristlose und schmähliche Entlassung, aber niemand hat sich seine Entlassung weniger zu Herzen genommen als ich . Ich hatte einige interessante und wertvolle Informationen gesammelt und viele bemerkenswerte Dinge gesehen. Das war im März 1915, obwohl der Bericht erst im Februar 1916 veröffentlicht wurde, da die Zensur die Veröffentlichung meiner Geschichte in der Presse verbot, zweifellos aus sehr guten Gründen.

Meine nächste Reise führte mich als Handelsreisender im Auftrag einer Schokoladenfirma in einem neutralen Land nach Konstantinopel . Bei dieser Gelegenheit interviewte ich Kapitän von Hersing und hörte aus seinem eigenen Mund den Bericht über seine wunderbare Reise in einem deutschen U-Boot (U51) von Wilhelmshaven nach Konstantinopel. Ich erhielt auch zahlreiche Informationen, die damals veröffentlicht wurden. Diese Reise fand im Juni 1915 statt.

Meine dritte Reise war bei weitem die erfolgreichste. Sie unternahm ich als Journalist, angeblich im Auftrag einer führenden neutralen Zeitung, in Wirklichkeit aber für *The Daily Mail* . Es ist leicht zu verstehen , dass diese Reisen äußerste Vorausplanung erforderten. Auf dem Papier klingt das so einfach, aber in Wirklichkeit erfordert es viel Energie und äußerst sorgfältige und raffinierte Vorbereitung. Ein Fehler, ein unvorsichtiges Wort und es entsteht Verdacht mit höchstwahrscheinlich tödlichen Folgen. Ich begann zu verstehen, wie sich ein Soldat fühlen muss, der in die Schlacht zieht. Wenn er sich verpflichtet, denkt er mit distanziertem Blick an alle Gefahren und bedauert, seine Lieben zurückzulassen, aber sobald er sich mitten im Kampfgetümmel befindet, vergisst er alles andere außer dem Gefechtsgefecht. So war es bei mir.

Auf meiner dritten Reise wusste ich, dass ich jeden Moment von einem der zahllosen deutschen Spione erkannt werden könnte, die überall aufzutauchen scheinen. Ich war jedoch entschlossen, die Sache durchzuziehen, und als ich erst einmal im Feindesland war, schien meine Nervosität zu verschwinden.

Man muss bedenken, dass niemand in Kriegszeiten solche Reisen wie die meine ohne die Unterstützung prominenter und einflussreicher Männer im Ausland unternehmen könnte, und ich möchte mich bei vielen angesehenen Diplomaten in neutralen Ländern bedanken, ohne deren unschätzbare Hilfe ich die Grenze nach Österreich nicht hätte überqueren können, oder, was weitaus wichtiger ist, nach England zurückkehren konnte.

Ich habe durchaus damit gerechnet, dass meine Abenteuer in Frage gestellt werden würden, denn sie müssen so außergewöhnlich erscheinen, wenn man sie in einem Land liest, in dem der deutsche Geheimdienst als absolut unfehlbar gilt . Doch das ist keineswegs der Fall. Ich habe Briefe von allen möglichen Leuten erhalten, die mir zu meiner Rückkehr gratulierten, und von keiner Seite wurde ein Wort des Zweifels geäußert . Ich war darauf vorbereitet, Skepsis mit Dokumenten zu begegnen , die niemand widerlegen konnte.

Es war für mich auch eine Quelle großer Genugtuung zu wissen, dass meine Entdeckungen und die Informationen, die ich gesammelt habe, den Alliierten, mit denen ich vollste Sympathie hege, von Nutzen waren. Ich hatte auch die Genugtuung, in neutralen wie auch in englischen Zeitungen zu lesen, dass einige der vertrauenswürdigsten und effizientesten Geheimdienstagenten des Kaisers entlassen und *Adjutanten* suspendiert wurden.

Von vielen angesehenen und namhaften Engländern habe ich nur Freundlichkeit erfahren. Sie haben meine Beweise nicht mit Argwohn, sondern mit dem größtmöglichen Interesse geprüft und mich mit ihren Glückwünschen in Verlegenheit gebracht. Meine beständige Antwort auf diese rührenden Ehrungen war, dass ich England viel zu verdanken habe; es hat mir viele Freunde geschenkt und mir große Gastfreundschaft erwiesen, und wenn irgendetwas, das ich getan habe, England auch nur im Geringsten helfen kann, werde ich mich immer als eine privilegierte Person betrachten.

KAPITEL II

WIEN IN KRIEGSZEITEN

Ich brach ins Feindesland auf – Die Einstellung der
deutschen Behörden – Umkehr an der Grenze – Ankunft
in Wien – Der gütige Hofrat – Hass auf die Engländer –
Eine unterworfene Stadt – Härten – Die verborgene Plage
– Die Folgen des Krieges – Österreichs schreckliche
Verluste – Das tragische 28. Regiment – „Mr. Wu" in Wien
– Internierte Engländer.

Anfang November 1915 kam mir die Idee, noch einmal in die Türkei zu
reisen. Aus verschiedenen Quellen hatte ich gehört, dass die Deutschen
gemeinsam mit den Türken ihren großen, vielbeachteten Angriff auf
Ägypten vorbereiteten. Ich beschloss herauszufinden, ob sie dieses
Abenteuer ernsthaft planten oder ob es sich nur um einen „Bluff" aus
politischen Gründen handelte. Ich traf meine Vorbereitungen sorgfältig ,
denn der gesamte Erfolg einer solchen Expedition hängt von den zu Beginn
getroffenen Vorsichtsmaßnahmen ab. Zuerst reiste ich in ein neutrales Land,
in dem ich einige Jahre zuvor als Journalist gearbeitet hatte. Es war nicht
schwer, von der Zeitung, mit der ich zusammengearbeitet hatte, Papiere und
Beglaubigungsschreiben zu erhalten, aus denen hervorging, dass ich als
Sonderkorrespondent dieser Zeitschrift tätig war.

Nach sorgfältiger Überlegung entschied ich mich für den kürzesten Weg in
die Türkei, der mich durch Deutschland, Österreich, Rumänien und
Bulgarien führen würde, und machte meine Pläne dementsprechend. Mein
Ziel konnte ich jedoch nicht erreichen. In der Stadt Emmerich an der
deutschen Grenze teilten mir die Beamten mit, dass meine Papiere nicht den
Anforderungen entsprachen. Zunächst war ich etwas verwirrt, da ich wusste,
wie sorgfältig ich alles Notwendige besorgt hatte, aber bald fand ich heraus,
was das Problem eigentlich war. In meinem Pass war mein Name mit „ i "
geschrieben, während er auf meiner Sonderkorrespondentenkarte mit „y"
geschrieben war. Ich bin fest davon überzeugt, dass die akribischen
deutschen Beamten den Inhaber eines Passes, in dem anstelle eines
Doppelpunkts ein Komma steht, nicht einreisen lassen würden.

Ich tat mein Möglichstes, um die Beamten davon zu überzeugen, dass es sich
um einen geringfügigen Fehler handelte und dass ich ein *echter* Journalist war.
Nach langen Diskussionen und aufgeregten Vorwürfen meinerseits wurde
mir gestattet , nach München zu reisen. Man nahm mir jedoch meine Papiere
ab und sagte mir, dass ich sie in dieser Stadt bei der Kommandantur
beantragen müsse .

Überzeugt, dass nun alles zufriedenstellend arrangiert war , setzte ich meine Reise fort. Als wir Düsseldorf erreichten, wurde mir bewusst, dass mein Name laut vom Bahnsteig aus gerufen wurde. Einen Moment lang überkam mich die plötzliche Angst, dass meine Verbindung zu einer englischen Zeitung entdeckt worden war und dass sich Ärger zusammenbraute; aber ich fing mich schnell wieder. Als der Bahnhofsvorsteher, ein Leutnant und zwei Soldaten – nichts weniger als diese imposante Machtdemonstration hätte die deutschen Beamten zufriedengestellt – an der Tür meines Abteils erschienen, gestand ich meine Identität und wurde sofort darüber informiert, dass ich den Zug verlassen müsse und dass ich meine Reise nicht fortsetzen dürfe, bis meine Papiere vollkommen in Ordnung seien. Das Ergebnis dieses Vorfalls war, dass ich gezwungen war, an die Grenze zurückzukehren, und das alles, weil ein unvorsichtiger Konsulatsbeamter ein „ i " anstelle eines „y" verwendet hatte.

Ich hielt es für viel zu riskant, die Korrektur vornehmen zu lassen und noch einmal von vorne anzufangen. Ich hatte mir einige Kenntnisse der deutschen Behördenpsychologie angeeignet. Da ich wusste, dass die österreichischen Behörden weniger streng sind als die deutschen, beschloss ich, nach England zurückzukehren und über Frankreich und die Schweiz nach Österreich zu reisen. In der Schweiz erhielt ich einen neuen Pass und war bald auf dem Weg zur österreichischen Grenze.

Auf der Reise machte ich mir einige unangenehme Gedanken. Die österreichischen Behörden waren möglicherweise über meinen erfolglosen Versuch informiert worden, die deutsche Grenze zu überqueren, und da ich etwa acht Monate zuvor bereits auf demselben Weg, den ich nun nehmen wollte, nach Österreich eingereist war, zögerte ich, ob es ratsam war, das Abenteuer fortzusetzen. „Vielleicht", argumentierte ich mit mir selbst, „wäre es ratsam, in Sicherheit zurückzukehren." Ich überwand diese Befürchtungen jedoch bald, indem ich mir einfach sagte, dass Hunderttausende von Männern in den Schützengräben dem gegenüberstanden, was mir bald bevorstehen würde – dem Tod. Ich war ein Soldat, sagte ich mir, und in meinem eigenen Land hatte ich tatsächlich einen Auftrag als Reserveoffizier inne. Als ich schließlich Feldkirch erreichte , war ich bereit, den österreichischen Beamten mit tapferem Herzen und der grimmigen Entschlossenheit, um jeden Preis durchzukommen, gegenüberzutreten.

Zusammen mit meinen Mitreisenden wurde ich in eine große Halle geführt, in der Soldaten mit aufgepflanzten Bajonetten Wache hielten. Wer meine Gefühle nachvollziehen kann, als ich dort stand und darauf wartete, zum Verhör vor die Offiziere geführt zu werden, muss selbst in einer ähnlichen Lage gewesen sein.

Einer nach dem anderen wurden meine Begleiter in den Nebenraum gelassen, und als ich schließlich an die Reihe kam, stand ich fünf österreichischen Offizieren gegenüber, die alle jene neugierige Geisteshaltung entwickelt zu haben schienen, die anscheinend nur in Kriegszeiten auftritt. In der Schweiz hatte ich vom österreichischen Botschafter, Baron Gayer, einen *Laissez-Passer erhalten*, der für mich von größtem Wert war. Nach unangenehmen zehn Minuten stellte ich fest, dass ich mit Auszeichnung durchgekommen war, da ich nicht nur den Informationsbedarf der Offiziere erfüllt, sondern mir auch ihr Wohlwollen insoweit erworben hatte, als mir jemand viel Glück und eine angenehme Reise wünschte. Eine Stunde später fuhr der Zug durch das schöne österreichische Tirol nach Wien, das 24 Stunden entfernt war. Ich war jedoch zu müde und reisemüde, um mich groß mit den Schönheiten der Natur zu beschäftigen. Im Zug gab es keine Schlafgelegenheiten, und die letzte Ruhe, die ich fand, konnte ich im Stehen finden.

Am Abend des 8. Dezember 1915 kam ich in Wien an, wo ich beschloss, im Park Hotel zu übernachten, anstatt in einem der schickeren Hotels im mondäneren Teil der Stadt. Ich tat dies mit Bedacht, denn das Park Hotel liegt in der Nähe der beiden Bahnhöfe Süd und Süd-Ost. Bahnhof und Ost Bahnhof. Von meinem Aussichtspunkt aus hoffte ich, die Bewegungen der Truppen beobachten zu können, die zu den Bahnhöfen marschierten.

Ich hatte vor, nur kurze Zeit in Wien zu bleiben, denn mein eigentliches Ziel war die Türkei. Besonders wollte ich aber Belgrad sehen, das wegen der dort kürzlich stattgefundenen verzweifelten Kämpfe für mich von großem Interesse war. Ich hatte mir eine Verbindung zu einem angesehenen Beamten im österreichischen Außenministerium gesichert, den ich als erstes aufsuchen wollte. Diese wichtige Persönlichkeit, ein Hofrat (das deutsche Äquivalent, glaube ich, des englischen Geheimrats), empfing mich höflich und ohne jenes Misstrauen, das den Deutschen unvermeidlich zu eigen zu sein scheint, hörte sich meine Erklärungen zum Zweck meiner Reise an und versprach mir sehr freundlich alle Erleichterungen, die er mir gewähren konnte.

Er stellte mich dem Pressebüro des K.U.K. Kriegsministeriums vor. In seinem Brief hieß es, ich sei dem Außenministerium gut bekannt und man werde mir auf meiner Reise in den Nahen Osten alle möglichen Erleichterungen gewähren. Dieser Brief führte schließlich zu einem Dokument, das mir auf meinen späteren Reisen von größter Hilfe war und das ich noch immer in meinem Besitz habe.

Als er mir die Einführung in das Kriegsministerium überreichte Pressbureau , das mir den Weg in die Türkei ebnen sollte, bemerkte er: „Ich bin immer sehr vorsichtig, wenn ich Empfehlungen für das Kriegsministerium gebe; Sie selbst könnten zum Beispiel der größte Spion sein (grosze Spion) der Welt." Ich lächelte innerlich, als ich ihm für seine Freundlichkeit dankte und gratulierte mir selbst, dass ich das Glück gehabt hatte, einen so einflussreichen Mann so positiv zu beeindrucken . Als ich ihn bat, mir einen Pass zu besorgen, mit dem ich nach Belgrad weiterreisen könnte, antwortete er, dass er dazu nicht in der Lage sei, aber er würde tun, was er könne, um mir zu helfen, und dass ich zu gegebener Zeit von ihm hören würde.

In der Zwischenzeit beschloss ich, mich in der Stadt umzusehen, um herauszufinden , welche Veränderungen in den acht Monaten seit meinem letzten Besuch stattgefunden hatten. Das Erste, was mir auffiel, war die zunehmende Feindseligkeit der Wiener gegenüber den Engländern. Dafür gab es zwei sehr offensichtliche Gründe: erstens den Hunger, „Magendruck", wie es genannt wird, das Werk der britischen Marine; zweitens die Intervention Italiens, das Werk britischer Diplomaten. Der Österreicher ist in seinem Hass nicht so dramatisch wie der Deutsche; aber in seinem Herzen herrscht ein bitteres und brennendes Gefühl gegen eine Nation, die ihn der meisten Luxusgüter und vieler Lebensnotwendigkeiten beraubt hat und ihn außerdem in einen weiteren Krieg gestürzt hat, zu einer Zeit, als er bereits alle Hände voll zu tun hatte.

Anders als London, Paris und Konstantinopel ist Wien nachts hell erleuchtet; doch die heitere Atmosphäre dieser fröhlichsten aller Städte ist verschwunden. Jetzt ist es langweilig; Cafés, die in Friedenszeiten die ganze Nacht geöffnet blieben, müssen um 23 Uhr schließen; einige, aber sehr wenige, haben die Erlaubnis erhalten, bis Mitternacht geöffnet zu bleiben. Dort in Wien, wie überall sonst im teutonischen Kriegsgebiet, war die Frage der Lebensmittelversorgung das alles beherrschende Gesprächsthema.

Die Situation hat eine humorvolle Seite, humorvoll für die Alliierten. Die Menschen in der Türkei erwarten voller Zuversicht Lieferungen von den Mittelmächten , während die Mittelmächte ebenso optimistisch sind, dass die Türkei sie mit Nahrungsmitteln versorgen kann. Die Berliner Presse ist für den teutonischen Irrtum verantwortlich, da sie in bombastischen Artikeln die Vorteile der Erschließung der Türkei und Kleinasiens mit ihren riesigen Ressourcen beschreibt. Unter anderem sollte dies dazu dienen, Butter für Berlin zu produzieren. In Wien murrt man nicht so sehr wie in Berlin über den Buttermangel, aber man ärgert sich bitter über den Mangel an Sahne. Eine der größten Köstlichkeiten der Stadt ist der berühmte Wiener Kaffee mit seiner schaumigen Sahnekrone, die bis zur Hälfte des Glases reicht. Bei meinem letzten Besuch war er leicht erhältlich, aber nach acht Monaten Krieg war der Verkauf von Milch und Sahne außer für Kleinkinder verboten, da der Rest zur Herstellung von Sprengstoffen verwendet wurde. Als ich erfuhr, dass ich gezwungen sein würde, schwarzen Kaffee zu trinken, empfand ich einen Augenblick lang Groll gegen die Alliierten.

Von den 1.600 Taxis, die in Friedenszeiten fröhliche Partys durch Wien kutschierten, sind nur noch vierzig übrig, und diese sind äußerst schäbig, ihre Reifen sehen sehr heruntergekommen aus. Mit Ausnahme dieser vierzig Taxis wird der gesamte Fahrzeugverkehr um 23 Uhr eingestellt, und die Wiener Damen, berühmt für ihre Embonpoint-Frisur, werden sich noch lange an den Krieg erinnern, und sei es nur wegen der vielen Fußmärsche, die sie zurücklegen mussten.

Es herrscht auch ein großer Mangel an Benzin, Reifen und Glyzerin , die alle von der Regierung beschlagnahmt wurden . Schmalz und andere Fette, die bei der Zubereitung von Speisen verwendet werden, sind von sehr minderer Qualität. Ich habe gute Gründe, mich daran zu erinnern, denn ich war vier Tage lang wegen des widerlichen Zeugs, das beim Kochen einiger Speisen, die ich gegessen hatte, verwendet wurde, extrem krank.

Merkwürdigerweise fand ich das Brot von viel besserer Qualität als bei meinem letzten Besuch; es gab jedoch sehr wenig davon, denn die Herrschaft der Brotkarte war noch nicht vorbei. Fleisch war knapp und sehr teuer. Normalerweise aß ich im Restaurant Hartmann zu Abend, in Friedenszeiten ein bekannter Ort für gute Abendessen. Ich stellte jedoch fest, dass es sich stark verschlechtert hatte, dass das Essen alles andere als gut und lächerlich teuer war. Für eine Mahlzeit bestehend aus Suppe, Fleisch und Gemüse mit etwas Obst musste ich acht Kronen bezahlen (eine Krone entspricht 10 Pence), das Doppelte des Friedenspreises. Eine Vorstellung von der Knappheit an Fleisch kann man sich aus der Tatsache verschaffen, dass eine einzelne Portion Roastbeef etwa vier Kronen (3 Schilling 4 Pence) kostet. Ich sollte erklären, dass Hartmann's kein Ort wie das Ritz Hotel ist, sondern ein Mittelklasserestaurant, in dem die Preise in Friedenszeiten äußerst moderat sind.

Diese schreckliche Plage, die den Spuren der Zivilisation zu folgen scheint , hat in Wien seit Ausbruch des Krieges besorgniserregend zugenommen. Soldaten gehen in die übelsten Teile der Stadt und provozieren absichtlich Ansteckungen, damit sie nicht an die Front geschickt werden . Den Militärbehörden wurde der Ernst der Lage bewusst, und die Soldaten werden sehr hart bestraft.

EIN WIENER BROT-TICKET

Wien ist voller Verwundeter; ich habe noch nie eine Stadt gesehen, in der es so viele gab. Ich habe versucht, so viel wie möglich über die Zahl der österreichischen Verwundeten im ganzen Land herauszufinden, aber es war äußerst schwierig, Informationen zu erhalten. Damit die Öffentlichkeit nicht unnötig deprimiert wird, werden die Verwundeten sorgfältig auf verschiedene Städte und Dörfer verteilt, insbesondere in Böhmen. Deutsche haben mir erzählt, dass sie dasselbe über England gehört haben, wo es in Provinzstädten und -dörfern im ganzen Land Hunderte kleiner Krankenhäuser des Roten Kreuzes gab!

Die deutsche Methode besteht auch darin, die Verwundeten so weit wie möglich von den großen Städten fernzuhalten. Die kleineren Dörfer werden als Stationen des Roten Kreuzes genutzt. Als ich auf einer meiner früheren Reisen in Frankfurt war, bemerkte ich eines Tages gegenüber einer alten Frau, einer Bäuerin, mit der ich ins Gespräch kam, dass ich nicht verstehen könne, warum es in einer großen Stadt wie Frankfurt so wenige Verwundete gäbe. „Kommen Sie und sehen Sie sich unser Dorf an", antwortete sie, „ wir haben sie in unseren Häusern." Also ging ich nach Andernach , so hieß das Dorf. Sie gab mir Kaffee und Kriegsbrot und behandelte mich sehr freundlich. In ihrem Haus lagen sechs verwundete Soldaten, und ich erfuhr, dass es kaum ein Dorf an den Hängen des Rheins gab, in dem nicht verwundete Soldaten einquartiert waren, um von der belebenden Luft der Rheinhügel zu profitieren, nachdem sie zuvor in den Krankenhäusern behandelt worden waren. Einer der verwundeten Soldaten erzählte mir, dass in einem Krankenhaus etwa eine halbe Stunde von Köln entfernt 180 verwundete Soldaten lagen .

Die österreichischen Behörden haben ihre eigenen besonderen Methoden. Sie ordnen beispielsweise an, dass nur ein Drittel der genesenden Soldaten gleichzeitig das Krankenhaus verlassen darf . Wenn sich also in einem Krankenhaus dreihundert Verwundete befinden, die noch laufen können, dürfen nur hundert gleichzeitig das Krankenhaus verlassen, um an die frische Luft zu kommen und sich zu bewegen.

Die Zahl der blinden Soldaten ist erstaunlich. Es war einer der schrecklichsten Anblicke, die ich je gesehen habe. Vor Italiens Kriegseintritt betrug die Gesamtzahl der österreichischen Soldaten, die ihr Augenlicht verloren hatten, 10.000, heute sind es 80.000. Ich wurde darüber von Dr. Robert Otto Steiner informiert , dem Leiter des größten Krankenhauses in Wien, wahrscheinlich des größten der Welt, des Wiener Allgemeinen Krankenhauses . Krankenhaus , das über 8.000 Betten verfügt, von denen 3.000 mit Männern belegt sind, die ihr Augenlicht verloren haben.

Der Grund für diese erschreckende Zahl blinder Soldaten liegt darin, dass die Truppen in den Bergen keine geeigneten Schützengräben ausheben können und die italienischen Granaten an den Bergen explodieren und einen Hagel von Felssplittern in alle Richtungen schleudern. Mit trauriger Miene erzählte mir Dr. Steiner von den 70.000 Österreichern, die innerhalb von sechs Monaten erblindet waren. Ich fragte ihn, was nach dem Krieg mit diesen armen Kerlen geschehen würde, und er gestand, dass sie ein Problem darstellten, das scheinbar keine Regierung lösen könne. Ob dem Kaiser in der Siegesallee ein Denkmal errichtet wird oder nicht , in ganz Europa wird es Tausende lebender Denkmäler seiner „Größe" in Gestalt von Blinden, Wahnsinnigen und Gelähmten geben , die den Namen des deutschen Militarismus verfluchen werden , der ihnen fast alles geraubt hat außer dem Leben selbst.

Während meiner Streifzüge durch die Stadt hörte ich eine amüsante Geschichte über die Rekrutierung in England. Sie wurde mir von einigen österreichischen Offizieren erzählt, die überzeugt waren, dass die Rekrutierung in diesem Land ein Erfolg gewesen sei. Ihre Erklärung war, dass die Aristokratie von der Regierung die Zusicherung erhalten hatte, dass sie für den Heimatdienst zurückbehalten würde , während die Armen an die Front geschickt würden. Nichts, was ich hörte, zeigte eine größere Unkenntnis des sportlichen Instinkts des englischen Gentleman als diese groteske Aussage, und das trotz des allgegenwärtigen Wolff und seiner drahtlosen Kriegsnachrichten. Wenn ich von Wolff spreche, erinnere ich mich an ein Sprichwort unter den Anhängern der Alliierten in Konstantinopel, das lautet: „Es gibt Lügen, es gibt verdammte Lügen, und es gibt Wolffs drahtlose Nachrichten."

Eines Nachts hatte ich ein interessantes Gespräch mit einem Hauptmann der Österreichisch-Polnischen Legion, dessen Name mir bekannt ist, den ich aber in seinem eigenen Interesse nicht abdrucke. Er erzählte mir mehrere Dinge, die deutlich zeigten, welche Schwierigkeiten die Deutschen bei der Zusammenlegung ihrer sehr unterschiedlichen Streitkräfte haben. „Ich bin jetzt auf der Seite der Österreicher", sagte er, „und kämpfe gegen die Russen, weil wir Polen von Österreich vergleichsweise gut behandelt werden. Nach dem Krieg wird uns eine Polnische Republik versprochen. Wenn es jedoch dazu kommt", fügte er hinzu, „für Preußen gegen die Russen zu kämpfen , werde ich jedenfalls desertieren und mich Russland anschließen."

ist seit einigen Monaten bekannt , dass etwas mit dem österreichischen 28. Linienregiment, dem Prager Regiment, schiefgelaufen ist. Dieses Regiment besteht ausschließlich aus Böhmen, die hauptsächlich aus Prag stammen und als Slawen die Deutschen hassen. Von diesem Offizier hörte ich die Geschichte des tragischen 28. Regiments. Im Nationalmuseum in Wien gibt es mehrere schwarz gehüllte Flaggen – sie gehören diesem unglückseligen Böhmenregiment.

Das gesamte Regiment hatte die Absicht, zu den Russen zu überlaufen; Offiziere und Mannschaften waren in das Komplott verwickelt . Eines Tages warfen die Soldaten, als sie die vermeintlich russischen Regimenter vor sich sahen, die Waffen nieder und hoben die Hände zum Zeichen der Kapitulation. Aber die „Russen" waren Preußen! Die Böhmen wussten nicht, dass die runde Mütze der Russen praktisch dieselbe ist wie die der preußischen Armeen. Die preußischen Offiziere erkannten die Situation sofort und richteten Maschinengewehre auf die wehrlosen Männer, wobei sie Hunderte von ihnen massakrierten. Die übrigen wurden gefangen genommen, und schließlich wurde jeder Fünfte erschossen, und von den Offizieren wurde jeder Dritte hingerichtet. Die Männer, die übrig blieben, wurden in die gefährlichsten Teile der Front geschickt, und heute sind nur noch wenige übrig, die die schreckliche Geschichte erzählen können. Die Flaggen im Nationalmuseum zeugen von der Schande eines Regiments, dessen Name nicht mehr in der österreichischen Heeresliste erscheint.

Besonders aufgefallen ist mir, dass das beliebteste Stück in Wien der englische Erfolgstitel „Mr. Wu" sein sollte. Es wurde in der ganzen Stadt angekündigt, und unter dem Titel standen in kleineren Buchstaben die Worte „Der Mandarin". Der Originaltitel war in dicken Buchstaben geschrieben, während der deutsche Titel in kleinerer Schrift hinzugefügt wurde , da man offensichtlich der Ansicht war, dass die Worte „Mr. Wu" für österreichische Augen einer Erklärung bedürfen. Ich wusste nicht, was diese Anomalie bedeuten sollte. Ich erinnerte mich, das Stück mehrere Male in London gesehen zu haben, aber das gab keinen Aufschluss über seine Popularität in einer feindlichen Stadt.

Eines Abends ging ich in das Neue Wiener Stadttheater , ein schönes Gebäude, das erst nach Ausbruch des Krieges errichtet wurde. Das Publikum bestand hauptsächlich aus Frauen, weniger als ein Viertel waren Männer. Das Stück war hervorragend inszeniert , aber ich vermisste Matheson Lang. Bald entdeckte ich den Grund für seine Popularität. Ein englischer Geschäftsmann wird neben einem Chinesen in einer sehr ungünstigen Position dargestellt, und das schien dem Publikum sehr zu gefallen. Am Ende jedes Aktes hob sich der Vorhang immer wieder und die Darsteller applaudierten lautstark.

Für mich ist die wahre Tragödie Wiens die der Engländer im wehrfähigen Alter, die die Stadt nicht verlassen können. Sie werden gut behandelt und haben ihre Freiheit, solange sie die Stadt nicht verlassen, was zeigt, wie viel milder die österreichische Herrschaft im Vergleich zur deutschen ist. Es wird jedoch erwartet, dass sie bis 8 Uhr abends wieder zu Hause sind. In den Zeitungen sind Hinweise erschienen, dass Staatsangehörigen kriegführender Länder erlaubt wird , ihre eigene Sprache in der Öffentlichkeit frei zu verwenden, solange sie dies auf eine Weise tun, die nicht beleidigend ist. Die armen Kerle sind hungrig nach Neuigkeiten. Die letzte englische Zeitung, die sie gesehen haben, war *die Times vom* 3. September . Sie sprechen gefühlvoll über das verhasste Kriegsbrot, geben aber zu, dass sich seine Qualität in den letzten zwei Monaten stark verbessert hat. Sie haben sich positiv über die Behandlung der Österreicher geäußert, aber trotz alledem ist ihre Lage alles andere als beneidenswert. Sie befinden sich inmitten einer feindseligen Bevölkerung, wissen nichts darüber, was tatsächlich mit ihrem Land geschieht, und wollen unbedingt an der Seite ihrer Landsleute in den Schützengräben sein.

Es wurde viel über die Bagdad- und Ägypten-Feldzüge gesprochen, aber auch über die Abwertung der österreichischen Krone, die heute nur noch die Hälfte ihres ursprünglichen Wertes wert ist. Weitsichtige Wiener halten dies für bedeutsam.

große Vorsichtsmaßnahmen getroffen . Seit einiger Zeit wüten in einigen Teilen des Landes Cholera und Pest, doch aufgrund der strengen Zensur dringen nur sehr wenige Informationen nach außen. Gelegentlich jedoch kommen Nachrichten durch, die beweisen, dass die Lage alles andere als günstig ist. In den vergangenen Monaten war Ungarn Schauplatz einer großen Konzentration der deutschen und österreichischen Armeen für die Kämpfe auf dem Balkan. Die Ansammlung dieser Truppen auf einem verhältnismäßig kleinen Gebiet führt unweigerlich zur Ausbreitung von Krankheiten.

KAPITEL III

AUF DEM BALKAN

Ich verlasse Wien – Fröhliches Bukarest – Die Indiskretion des Kapellmeisters – „ *À bas les allemands* ! " – Rumänien kriegslüstern – Deutsche Machenschaften – Eine englische Zigarette – Eine schreckliche Reise – Die Kriegsbeute – Der listige Deutsche – Bulgarische Armut unter den Deutschen – Österreichische Genugtuung über die serbischen Siege – Zwang in England – Bulgarische Besorgnis über die Haltung Griechenlands – Die deutsche Sprache in Bulgarien.

Nach etwa vierzehn Tagen verließ ich Wien, nachdem ich meinen Pass erhalten hatte. Ich war davon überzeugt, dass es sinnlos war, über Serbien in die Türkei zu reisen , und beschloss daher, über Rumänien zu reisen . Tatsächlich war dies der einzige Weg, der mir offen stand. Über Buda Pest , wo die österreichische Staatsbahn endet und die ungarische beginnt, gelangte ich nach Brasso , der letzten Station auf ungarischem Gebiet. Bei meiner vorherigen Reise war der Grenzbahnhof Predeal gewesen, aber da dieser auf rumänischem Gebiet lag, stellten die Österreicher fest, dass sie im Falle der Ergreifung von Spionen keine Macht hatten, einzugreifen, und zogen daher nach Brasso um . Ich kam um 5 Uhr morgens in Brasso an , nach einer dreißigstündigen Reise. Da der Zug nach Bukarest erst mittags abfuhr, hatte ich Zeit, mir die entzückende kleine Stadt anzusehen, die zwischen den Karpaten liegt .

Obwohl Brasso klein ist, ist es im Moment von erheblicher Bedeutung , da es das Hauptquartier der österreichischen Armee ist, die im Falle von Schwierigkeiten gegen Rumänien vorgehen sollte. Der Ort war voller Soldaten, Fußsoldaten, Reiter und Artillerie mit Geschützen aller Art und Kaliber . Die Zivilbevölkerung schien völlig verschwunden zu sein. Auf den umliegenden Bergen fanden überall Militärmanöver statt . Mir wurde gesagt , dass in Brasso 80.000 Soldaten konzentriert seien .

Am Bahnhof von Brasso wurde mir zum ersten Mal bewusst, wie wertvoll der Pass des Kriegsministeriums war, den ich in Wien erhalten hatte. Ohne mein Gepäck anzusehen und kaum einen Blick auf meine Papiere zu werfen, ließen mich die Beamten passieren, und ich segnete meinen guten Freund, den Hofrat . Eine elendere Reise als die nach Bukarest habe ich noch nie erlebt. Alle Jalousien in den Waggons waren aus militärischen Gründen heruntergelassen , obwohl Rumänien nicht im Krieg ist. Dieser Umstand zeugt jedoch von den Vorsichtsmaßnahmen , die die Rumänen gegen die Invasion ihres Territoriums trafen . Ein Rumäne Ein im selben Wagen reisender Herr versicherte mir, dass überall Gräben und Feldarbeiten im Gange seien.

Der Unterschied zwischen Wien und Bukarest, „Klein-Paris", wie es genannt wird, wo ich um sieben Uhr abends ankam, ist höchst auffällig. Die rumänische Hauptstadt, die immer für ihre Fröhlichkeit bekannt war, ist das Mekka der Vergnügungsliebhaber, und der Krieg hat diesen Geist keineswegs gemindert, sondern scheint ihn vielmehr noch verstärkt zu haben. Die Bevölkerung ist erheblich angewachsen , überall wird Geld ausgegeben und verschwendet, Cafés und Theater machen einen florierenden Umsatz, und die Zahl der Autos und Pferdekutschen ist angesichts der Kleinheit der Stadt erstaunlich. Da der Weizenexport aus Russland in die Mittelmächte nicht mehr möglich ist, ist Rumänien zum Weizenmarkt des Balkans geworden. Man sagte mir , dass gerade die dritte Ernte des Jahres eingebracht worden sei, und jedes Viertel des Getreides, das produziert werden kann, wird bereitwillig verkauft. Das Ergebnis ist, dass das Geld überall wie Wasser fließt.

Ich blicke auf meinen Aufenthalt in Bukarest zurück als auf eine Oase des Friedens in einer Wüste der Gefahr. Die Rumänen sind ein entzückendes Volk, und die Alliierten sollten erkennen, wie viel sie der strikt neutralen Haltung Rumäniens verdanken. in Bezug auf den Krieg. Die rumänische Regierung verhinderte, dass Lebensmittel, Kohle oder andere lebensnotwendige Güter nach Österreich oder in die Türkei gelangten. Aufgrund des neuen Balkan-Express haben die rumänischen Präventivmaßnahmen heute nicht mehr ihre frühere Bedeutung.

Die Haltung der Bulgaren gegenüber den Entente-Mächten war immer etwas schwierig zu bestimmen; die Masse des bulgarischen Volkes ist weder Deutschland noch der Türkei gegenüber aufgeschlossen. Die Politiker wurden höchstwahrscheinlich nervös, und das deutsche Gold tat sein Übriges. Trotzdem konnte ich keine Hinweise auf eine bulgarische Zuneigung zu Großbritannien finden. Die Menschen im Allgemeinen wissen kaum etwas über dieses Land. In den Köpfen der besser Gebildeten gibt es eine vage Erinnerung an Gladstone . Über Deutschland weiß jedoch jeder Bulgare Bescheid, dank der unermüdlichen Zeitungsarbeit, der deutschen Schulen, der allgegenwärtigen deutschen Kinematographen- Ausstellung und der „friedlichen Durchdringung" deutscher Geldboten, deutscher Musik und anderer Elemente der deutschen Kulturpropaganda .

Das kleine Rumänien nimmt im Krieg eine außergewöhnliche Stellung ein. Umgeben von den kriegführenden Nationen herrscht in Rumänien Frieden. Es besteht kein Zweifel an seinen freundschaftlichen Gefühlen gegenüber der Quadrupel-Entente.

In Bukarest wohnte ich im Hotel Frascati , wo ich vier wunderbare Tage völlig frei von allen Sorgen verbrachte. Am zweiten Tag meines Besuchs bekam ich die erste Erfahrung mit Rumäniens Haltung. Am Abend ging ich ins Casino de Paris, wo das Publikum ein ziemlich kosmopolitisches Publikum war. Als die Kapelle die *Marseillaise spielte* , brachte eine Gruppe Deutscher, die offensichtlich eher gut als vernünftig gegessen hatten, ihre Gefühle durch lautes Pfeifen und andere Geräusche zum Ausdruck. Das Publikum jedoch applaudierte der Kapelle lautstark, und die Veranstaltung beendete sich.

Kurz darauf bot einer der dickhäutigen Germanen dem Kapellmeister einen 20-Mark -Schein (1 Pfund) an, damit er „ *Die Wacht am Rhein" spielte* . Der Kapellmeister war bereit, die 20 Mark anzunehmen, äußerte jedoch Zweifel, ob die Musiker die gewünschte Melodie spielen würden. Darüber hinaus äußerte er große Zweifel an der Wirkung der Melodie auf die im Casino versammelten Leute. Schließlich überwand er sowohl die Gewissensbisse seiner Band als auch seine eigenen Bedenken, doch das Orchester hatte kaum begonnen, als ein Tumult ausbrach. „ *À bas les Allemands !* " und andere Rufe erklangen von allen Seiten, gelegentlich ein „ *À bas les bosches !* ", und die Band hielt plötzlich inne. Die Deutschen verließen in ziemlicher Eile das Casino, begleitet vom Zischen des Publikums.

Rumänien ist ganz für die Entente-Mächte und insbesondere pro-französisch. Sein besonderer Hass gilt Österreich und in höchstem Maße Ungarn. Eines Abends besuchte ich eine Kinematographen- Vorführung mit dem Titel „Unter dem Joch Österreich-Ungarns", in der die Leiden der Rumänen unter österreichischer Herrschaft dargestellt wurden. Bei einem bestimmten Vorfall erhob sich das Publikum und schrie „Nieder mit Österreich! Nieder mit Ungarn!" Solche Demonstrationen sind keineswegs selten und zeigen sehr deutlich die allgemeine Tendenz der rumänischen öffentlichen Meinung.

Die ganze rumänische Armee ist kriegshungrig. Ich verrate kein Geheimnis, wenn ich das sage, denn Rumänien wird von deutschen Spionen überrannt. Während meines kurzen Aufenthalts kam ich mit vielen rumänischen Offizieren in Kontakt , die sich sehr unzufrieden mit der Langsamkeit der Entente-Operationen äußerten. Sie glauben jedoch fest an den letztendlichen Sieg der Alliierten und versicherten mir, dass kein Einfluss, kein Druck, weder politisch noch anderweitig, sie dazu bewegen könne, sich Deutschland anzuschließen. Sie sind sich nicht ganz der Schwierigkeiten bewusst, mit denen die Alliierten zu kämpfen haben. Deutschland bereitet sich seit mehr als einer Generation auf diesen Krieg vor; die Mächte der Triple Entente wurden überrascht und stark behindert. Dies versuchte ich meinen rumänischen Bekannten klarzumachen und drängte sie, „abzuwarten".

Ich zögere, der britischen Regierung Ratschläge zu erteilen; aber ich wünsche mir im eigenen Interesse und im Interesse ihrer Verbündeten, dass sie von der Notwendigkeit überzeugt werden könnte - kein milderes Wort ist angemessen -, die großartige Arbeit der britischen Armee und Marine in Rumänien bekannt zu machen. Die Rumänen haben instinktives Mitgefühl mit den Franzosen und Italienern ; denn man muss bedenken, dass sie ein lateinisches Volk sind. Ihre Zeitungen veröffentlichen viel über die französische und italienische Armee. Die Deutschen haben ihre eigenen Zeitungen, die in rumänischer Sprache gedruckt werden. Deutsche Propaganda und deutsches Gold sind überall zu finden; das Hauptziel besteht darin, Rumänien neutral zu halten.

Ein beliebtes Mittel der Deutschen ist es, jedes Unglück der Alliierten zu übertreiben, jeden eigenen Erfolg zu einem großen Sieg aufzubauschen und vor allem Rumänien auf die Größe der Aufgabe hinzuweisen , die die Entente-Mächte übernommen haben. Als ich in Bukarest war, waren die Dardanellen das Hauptthema der deutschen Zeitungen. In ihren Zeitschriften erschienen lange Berichte über englische Niederlagen, allesamt reich illustriert. Dem Rumänen mangelt es nicht an Intelligenz, und er kann den Charakter Preußens ziemlich gut einschätzen, und er würde lieber bis zum letzten Mann kämpfen, als das Schicksal Belgiens, Serbiens oder Montenegros zu teilen; dennoch kann ihm die geschickte deutsche Propaganda nicht völlig gleichgültig sein.

Nach dem Überfluss, der Musik und dem Weißbrot in Bukarest machte ich mich auf den Weg nach Sofia. In Giugiu , dem rumänischen Grenzbahnhof an der Donau, nahm ich die Fähre nach Rustchouk auf bulgarischem Gebiet. Hier musste ich einen Tag und eine Nacht auf den Zug warten. Rustchouk ist ein schrecklicher kleiner Ort, knöcheltief im Schlamm, und ich sah den trostlosen Stunden, die ich in diesem schrecklichen Loch verbringen musste, mit Bestürzung entgegen. Aber alles hat seinen Reiz, und ich konnte einige sehr interessante Informationen aufschnappen.

An der Donau bemerkte ich vier österreichische Beobachter, die dort waren, wie man mir sagte, um die österreichischen und bulgarischen Städte am Flussufer vor russischen Angriffen zu schützen. Mit größtem Interesse beobachtete ich auch riesige Mengen an Leichteisenbahnmaterial, hauptsächlich Schienen und Schwellen, die per Boot heruntergebracht und im bulgarischen Hafen auf dem Weg in die Türkei an Land gebracht wurden . All dieses Material, so sagte man mir , ist für den Feldzug gegen Ägypten bestimmt.

Die bulgarischen Behörden empfand ich als viel schwieriger als die österreichischen. Daran erinnerte ich mich noch von meiner letzten Reise, und ich hatte mich vorsichtshalber bei der bulgarischen Gesandtschaft in

Wien um einen Sonderpass bemüht. Selbst mit diesem unschätzbar wertvollen Dokument hatte ich erhebliche Schwierigkeiten und wurde vielen Verhören unterzogen, bevor ich passieren durfte. Diese unangenehmen und nervenaufreibenden Verhöre waren schreckliche Torturen, an die ich mich anscheinend nie gewöhnen konnte. Vielleicht hatte ich zu viel Fantasie, aber die Folgen eines möglichen Versehens waren mir stets bewusst.

Bei meinem ersten Besuch in Wien während des Krieges hatte ich ein sehr unangenehmes Erlebnis, das mir zeigte, wie wichtig ständige Vorsicht ist. Eines Tages begegnete ich in den Straßen Wiens einem jungen Engländer, den ich aus London kannte und der nicht interniert war. Er gab mir eine Zigarette und kam anschließend zu meinem Hotel. Ich wurde sofort wegen des Rauchens einer englischen Zigarette zur Rede gestellt, was zusammen mit der Tatsache, dass ich einen Engländer kannte, zu meiner Verhaftung führte und ich einen unangenehmen Tag in einem österreichischen Gefängnis verbrachte. Dieser kleine Zwischenfall, der endlose psychische Belastungen mit sich brachte, zeigt, wie wichtig es für mich war, ständig wachsam zu sein. Man muss bedenken , dass meine Reise etwa sieben Wochen dauerte.

Als ich durch die abscheulich schlammigen Straßen von Rustchouk stapfte , bemerkte ich überall deutsche Soldaten und Unteroffiziere; sie schienen für alles verantwortlich zu sein, einschließlich der Hafenanlagen und aller Militärgebäude. Ich stellte fest, dass es einen ernsthaften Zuckermangel gab, und ich musste meinen Tee und Kaffee ohne Zucker trinken. Milch war ebenfalls nicht erhältlich, und wenn es etwas im Leben gibt, das ich mehr als alles andere brauche, dann sind es Milch und Sahne. Jemand sagte mir einmal, dass ich für ein Kätzchen bestimmt sein müsse .

Ich musste in einem sehr schmutzigen Hotel übernachten, das sich des Namens „Hotel Bristol" rühmte und wo die verfügbaren Unterkünfte äußerst primitiv waren. Das Bett war so schmutzig, dass ich es aufgab und in zwei Sesseln schlief . Am nächsten Tag reiste ich nach Sofia ab, eine Reise , die vor allem wegen des Kohlenmangels zwanzig Stunden dauerte. Ich habe noch nie eine eintönigere Zugfahrt erlebt. Die Fenster waren weiß gestrichen, denn die misstrauischen Bulgaren sind entschlossen, dass niemand durch einen Blick aus dem Zug militärische Geheimnisse erfährt. Stellen Sie sich die Eintönigkeit vor, zwanzig Stunden in einem kleinen Abteil zu sitzen, ohne einen Blick auf die Landschaft werfen zu können. Ich hatte keine Zeitungen, keine Zigaretten und nichts zu essen. Fast einen Tag und eine Nacht lang hatte ich nichts als die andere Seite des Waggons, auf die ich blicken oder die weiß getünchten Glasscheiben, mit denen ich mich beschäftigen konnte. Die meiste Zeit verbrachte ich mit unruhigem Schlaf.

An jeder kleinen Station, an der der Zug hielt, stieg ich aus und versuchte , etwas zu essen zu kaufen. An einem Ort gelang es mir zu meiner großen Freude, etwas altbackenes Brot und ein Stück Schokolade zu ergattern, die offensichtlich noch aus der Vorkriegszeit stammte. Aus Angst vor Cholera wagte ich nicht, Wasser zu trinken, und als ich schließlich in Sofia ankam , war ich völlig am Ende und froh, in das Hotel „Splendid" zu kommen, das im Herzen der Stadt liegt.

Sofia hatte nichts von der Fröhlichkeit Bukarests. Vier Tage lang hatte ich den Krieg vergessen, aber hier wurde er mir noch einmal lebhaft vor Augen geführt. Überall waren großspurige deutsche Offiziere , denn die deutsche Besatzung ist fest etabliert und fast so vollständig wie in Konstantinopel. Es schien kein gesellschaftliches Leben zu geben, die Langeweile war allgegenwärtig und ich sehnte mich nach der Helligkeit und Fülle Bukarests. Merkwürdigerweise sind die Türkischen Bäder das Auffälligste an Sofia, die in einem wunderbaren neuen Gebäude untergebracht sind. Sie gelten als die schönsten Türkischen Bäder der Welt.

In Sofia erlebte ich ein weiteres Beispiel deutscher Gründlichkeit und Schlauheit . Als die Deutschen über die Türkei arabische Häuptlinge bestachen, damit sie gegen die Briten kämpften, bestanden die Geschenke nicht nur aus Geld, Schmuck und Pferden, sondern auch aus zirkassischen Schönheiten aus den türkischen Harems. Ich hatte nicht das Vergnügen, diese Damen zu sehen , die die Ehre hatten , internationale Bündnisse zu schmieden. Im Umgang mit den Bulgaren ist der Deutsche ebenso schlau und übergibt ihm großmütig die gesamte tragische Beute, die aus den armen serbischen Häusern geschleppt wurde. Überall in Sofia fand man Waffen, Munition, Gewehre, Haushaltsgegenstände und Schmuck sowie Beute jeder Art aus dem kleinen Serbien.

Dieses System der Bestechung blieb allerdings nicht ohne deutliche Wirkung, denn überall sah ich, wie deutsche und bulgarische Offiziere zusammenkamen und sich amüsierten, und es kam zu zahlreichen Liebschaften zwischen deutschen Soldaten und bulgarischen Mädchen.

In Sofia ist nur Schwarzbrot erhältlich. Zucker war absolut nicht zu bekommen , Kohle war knapp, aber die Preise waren nicht so hoch wie in Konstantinopel. Das bulgarische Volk erleidet jedoch das Schicksal, das den Deutschen überallhin unvermeidlich zu folgen scheint: Mangel an Lebensmitteln und anderen Vorräten.

Ich wünschte, ich hätte ein oder zwei britische Kabinettsminister bei mir gehabt; nicht, damit sie Schaden erleiden oder ihr wertvolles Leben gefährden, sondern damit sie den Wert der Waffe zu schätzen lernen, deren Einsatz sie noch nicht gelernt haben − die britische Marine. Eine der sichersten Möglichkeiten, den Krieg zu verkürzen, besteht darin, Zwietracht zu säen, nicht nur in Deutschland, sondern auch unter der Bevölkerung seiner unterworfenen Verbündeten – Österreich-Ungarn, Bulgarien und der Türkei – und dies kann am besten durch das erreicht werden, was die Deutschen „Magendruck" nennen.

In Sofia scheint noch eine kleine Menge Silber im Umlauf zu sein, aber die Bulgaren, die schon immer arm waren, erleben unter ihren deutschen Herren jetzt ein beispielloses Maß an Armut. Wenn dies richtig betont wird, muss dies meiner Meinung nach irgendwann zu Problemen mit dem preußischen Tyrannen führen, der sie derzeit mit Geschenken, aber hauptsächlich mit Versprechungen beschwatzt.

Die Eroberung Serbiens hat die Österreicher, die eher antiserbisch als antirussisch eingestellt sind, zweifellos sehr ermutigt. Seit Ausbruch des Krieges gab es Zeiten, in denen die Berliner Zuchtmeister Schwierigkeiten hatten, die Begeisterung ihrer österreichischen Verbündeten aufrechtzuerhalten. Davon bin ich absolut überzeugt, dass es jetzt keine solchen Schwierigkeiten mehr gibt. Es ist so viele Jahre her, dass das unglückliche Österreich Grund hatte, einen Sieg zu feiern, dass die Neuheit dieser Sensation eine bemerkenswert anregende Wirkung auf das ganze Land hatte. Ihre Geschichte ist eine Geschichte von Rückzug und Niederlage. Preußen hat sie 1866 in wenigen Wochen vernichtet, jetzt beginnen sie, sich als ihren Oberherren ebenbürtig zu betrachten. Zusätzlich zu ihrem neuen Hafen Antivari an der Adria erwarten sie voller Zuversicht die Eroberung Venedigs und Nordserbiens. Im Moment sind sie berauscht von dem Sieg, den sie sich liebevoll als ihren eigenen vorstellen, aber darunter verbirgt sich derselbe Hass auf die Preußen wie vor dem Krieg.

Die Zwangskampagne in England hat in Österreich großes Interesse geweckt und war Anlass für zahllose hitzige Diskussionen in den Tausenden von Cafés im ganzen Land. Die weitverbreitete Vorstellung, dass Engländer nur kämpfen, wenn sie dafür bezahlt werden und für jede Schlacht extra bezahlt wird, wurde von den Berliner Propagandisten so eifrig gefördert, dass sie fast zu einem Glaubensartikel der Österreicher geworden ist. Es ist für sie praktisch unmöglich, den Geist der neuen britischen Armeen zu verstehen, zu denen Männer aus allen Teilen des Empires strömten. In Wien wie auch anderswo wurde mir feierlich versichert, dass die Reichen zu Hause bleiben und Fußball spielen oder in ihren Schlössern leben, jagen und sich vergnügen würden. Nicht einmal achtzehn Monate Krieg haben den österreichischen Glauben an die englische „Sportkrankheit" zerstreut.

Am Tag nach meiner Ankunft in Sofia hatte ich ein interessantes Gespräch mit zwei bulgarischen Offizieren, die im selben Hotel wohnten. Sie erzählten mir vom Rückzug der französisch-britischen Truppen aus serbischem Gebiet nach Griechenland. Die bulgarischen Soldaten kämpften sehr gern gegen die

Engländer, da sie bei ihren Niederlagen eine beträchtliche Beute machten. Viele dieser bulgarischen Bauern hatten beispielsweise noch nie in ihrem Leben Schokolade gesehen oder gegessen und waren hocherfreut, als sie bei der Räumung des Lagers durch die Engländer feststellten, dass diese beträchtliche Mengen Schokolade und Marmelade zurückgelassen hatten.

Insbesondere waren diese bulgarischen Offiziere sehr daran interessiert, etwas über die Lage in Griechenland zu erfahren. Da ich aus dem Ausland kam, dachten sie, ich könne ihnen viel über die Pläne Griechenlands erzählen. Nachdem ich eine Weile mit ihnen gesprochen hatte, gewann ich den Eindruck, dass sie die Beteiligung Griechenlands am Krieg zu fürchten schienen. Sie mögen die Griechen nicht; eigentlich hassen sie sie. Es hat immer Streitigkeiten zwischen diesen beiden Ländern gegeben; gleichzeitig waren diese Bulgaren jedoch nicht besonders erpicht darauf, gerade jetzt gegen die Griechen zu kämpfen. Als ich nach dem Grund fragte, sagten sie mir, ein großer Teil der Armee müsse für Eventualitäten gegen Rumänien und Russland bereit sein, und der Rest würde nicht ausreichen, um der griechischen Armee mit einiger Aussicht auf Erfolg entgegenzutreten, so verstärkt sie auch durch eine große französisch-britische Armee sein könnte. Ich dachte mir, wenn nur die führenden griechischen Staatsmänner mit ihrem pro-deutschen König dies hören könnten, was für eine großartige Gelegenheit das für Griechenland wäre, seine alten Streitigkeiten mit Bulgarien beizulegen.

Eine Sache fiel mir sehr auf: Wohin die Deutschen auch gehen, scheint ihnen ein Mangel an Lebensmitteln und anderen Dingen auf dem Fuße zu folgen. Als ich Bulgarien vor acht Monaten besuchte, gab es nicht gerade das, was man als Überfluss an Lebensmitteln bezeichnen würde, aber es gab genug, um die Menschen durchzuhalten. Sobald die Deutschen die Bulgaren dazu brachten, mit ihnen zu marschieren , begann die Nahrungsmittelknappheit. Als ich Bulgarien betrat, war gerade die erste Zuckerkarte ausgegeben worden , und ich wage zu behaupten, dass bald weitere Karten folgen werden. Die Menschen, insbesondere Frauen, machten den Beamten Sorgen, wo diese Karten erhältlich seien, und Rufe aller Art zeigten deutlich, dass die Menschen mit den neuen Bestimmungen sehr wenig zufrieden waren. Auch die finanzielle Lage scheint hoffnungslos zu sein. Überall gibt es Papiergeld. Silber gibt es sehr wenig, und Gold ist natürlich unbekannt.

Es ist bemerkenswert, dass Bulgarien von allen Balkanländern das einzige ist, in dem die deutsche Sprache einigermaßen bekannt ist . Sie nennen sich stolz „Kleindeutschland", aber zur Ehre der Bulgaren muss ich sagen, dass es einen deutlichen Unterschied zwischen dem Bulgaren und dem Deutschen gibt. Er ist nicht brutal, sehr einfach und äußerst höflich, drei Dinge, die man keinem Deutschen vorwerfen kann . Die Offiziere gehen mit den Soldaten genauso um wie die Franzosen. Sie sind sehr einfach und bescheiden. Ich sah im Zug einen bulgarischen Hauptmann ein Stück Wurst aus seiner Tasche ziehen und es vor uns sitzend essen, etwas, was ein deutscher Offizier niemals tun würde.

Vor dem Krieg war Französisch in den meisten Schulen die erste Unterrichtssprache; heute beginnen sie alle mit Deutsch. Trotzdem kannten 50 Prozent der bulgarischen Offiziere, die ich sah und mit denen ich sprach, die deutsche Sprache überhaupt nicht, und die einzige Sprache, in der wir uns verständigen konnten, war Französisch.

KAPITEL IV

KONSTANTINOPEL

Ich verlasse Sofia – Ein wertvolles Dokument – Die
Veränderung in Adrianopel – Die Bulgaren im Besitz – Der
Türke ist zum Kampf entschlossen – Ich nehme den Fez an
– Kriegsdruck – Das Schicksal feindlicher Untertanen – Ein
Weg, den sie in der Türkei gehen – Die finanzielle Situation
– Enver geht nach Berlin – Eine türkische Kauffrau – Eine
schnelle Veränderung – Eine Stadt der Dunkelheit.

Ich blieb nur ein paar Tage in Sofia und setzte meine Reise bald nach
Konstantinopel fort. Der Zug fuhr gegen zwei Uhr morgens ab, aber da man
uns am Vornachmittag gesagt hatte, dass der Zug um 23 Uhr abfahren
würde, waren wir, meine Mitreisenden und ich, alle um 10 Uhr am Bahnhof
und mussten vier Stunden in einem hässlichen, schmutzig aussehenden
Warteraum warten, der mit deutschen Soldaten und bulgarischen Soldaten
und Offizieren gefüllt war. Es war unangenehm warm im Raum. Die meisten
Deutschen spielten Karten, und ich sehnte mich danach, an die frische Luft
zu kommen, aber niemand durfte auf den Bahnsteig.

Mein *Passierschein* des bulgarischen Gesandten in Wien erwies sich erneut als
unschätzbar wertvoll, und ich stellte zu meiner großen Zufriedenheit fest,
dass mir dieses Papier in vielerlei Hinsicht von Nutzen sein würde. Sobald
ich es dem bulgarischen Kommandanten zeigte , durfte ich den Bahnsteig
betreten. Dort fand ich mich als Sonderkorrespondent einer englischen
Zeitung wieder, dem sogar deutsche Zivilreisende mehr Privilegien
zugestanden wurden – eine Sache, die mich zum Lächeln brachte. Die
meisten deutschen Soldaten waren auf dem Weg nach Konstantinopel und
Kleinasien, und einige von ihnen erzählten mir, dass sie ihre Heimat seit
Kriegsbeginn nicht mehr gesehen hätten. Sie beschwerten sich jedoch nicht,
da sie davon überzeugt zu sein schienen, dass ihnen der Sieg gehören würde.
Sie waren gut gekleidet und sahen auch wohlgenährt aus, und ich sah keine
alten Landsturmmänner . Wir in diesem Land neigen zu oft dazu zu glauben,
dass der Vorrat an deutschen Männern erschöpft sei. Die Männer, die sie auf
den Balkan schicken, sehen jedoch keineswegs so aus, als wären sie die
letzten der Truppe; tatsächlich könnte man sich keine besseren Soldaten
wünschen, da jeder von ihnen eine ausgezeichnete körperliche Verfassung
hat.

Sofia schließlich verließ, stand mir eine Reise von 24 Stunden bevor, wieder
einmal mit weiß gestrichenen Wagenfenstern; aber diesmal hatte ich das

Glück, einen Schlafwagenplatz zu ergattern, und ich ging sofort zu Bett; es gab nichts anderes zu tun. Wir saßen zu viert in einem Schlafwagenabteil. Der Mann mir gegenüber war ein deutscher Kaufmann auf dem Weg nach Kleinasien, um Wolle zu kaufen, die, wie allgemein bekannt ist, eines der wichtigsten Produkte der Türkei ist. Er schien sehr müde zu sein und reagierte überhaupt nicht gut auf meine Versuche, ihn in ein Gespräch zu verwickeln. Bald schnarchte er so heftig, dass ich erhebliche Schwierigkeiten hatte, selbst einzuschlafen.

Am nächsten Morgen erreichten wir Adrianopel. Was für ein Unterschied zu dem Adrianopel, das ich acht Monate zuvor gesehen hatte! Es gab keine türkischen Soldaten, keine türkischen Flaggen, keine türkischen Schriftzüge am Bahnhof. Bulgarische Soldaten bewachten die Strecke, bulgarische Flaggen wehten am Bahnhof und bulgarische Schriftzüge wiesen auf den Namen des Ortes hin.

In den letzten Jahren hat die Heilige Stadt der Türken viele Wechselfälle erlebt. Im ersten Balkankrieg wurde sie von den Bulgaren mit Unterstützung der Serben eingenommen . Als es aufgrund des verräterischen Verhaltens Bulgariens zu Schwierigkeiten zwischen den verschiedenen Mitgliedern des Balkanbundes kam, eroberten die Türken die Stadt zurück, doch ihre Herrschaft war nur von kurzer Dauer, und nun haben sie sie erneut den Bulgaren überlassen . Am Bahnhof war kein einziger türkischer Soldat zu sehen , und um die Ironie der Lage noch zu verstärken, haben die Türken einen schönen neuen Bahnhof fast fertiggestellt, den die Bulgaren , wie ich annehme , bald übernehmen werden, wobei sie eine minimale Entschädigungssumme verlangen.

Sobald mein Zug in Adrianopel eintraf, stürmten deutsche Soldaten die verschiedenen Waggons und fragten nach deutschen Zeitungen. Während ich in Konstantinopel war , erfuhr ich, dass die einzige in englischer Sprache gedruckte Zeitung, die verkauft werden durfte, *The Continental Times war* , eine deutsche Propagandazeitschrift mit einem sehr offensichtlichen Zweck.

Es dürfte für englische Leser interessant sein zu wissen, dass die Türken überall der Ansicht sind, sie würden um ihre Existenz kämpfen. Angesichts dessen dürfen sich die Alliierten nichts vormachen über den verzweifelten Charakter des Widerstands, den die Türken weiterhin leisten werden. Alle sind überzeugt, dass ein Krieg mit den Alliierten unvermeidlich war, weil Konstantinopel Russland versprochen worden war . Einer meiner türkischen „Freunde", ein stellvertretender Abgeordneter, wurde nie müde, immer wieder auf diesem Thema herumzureiten.

Bei Lule In Burgas gab es weitere Verhöre, und noch einmal musste ich mich der Tortur des Kreuzverhörs unterziehen, aber dank des persönlichen Briefes, den ich vom türkischen Botschafter in Wien an Halil mitbrachte, Mit der Bitte um Mithilfe des türkischen Außenministers Bey waren meine Schwierigkeiten schnell gelöst. Die Beamten waren sogar sehr höflich und wünschten mir eine gute Reise.

Nicht nur Adrianopel wurde in bulgarisches Territorium eingegliedert, sondern Lule Burgas , die dahinterliegende Station, ist ebenfalls in den Besitz der Bulgaren übergegangen . Erst hinter Lule In Burgas traf ich die ersten türkischen Soldaten.

Die Türkei machte auf mich in Europa den Eindruck eines armen und eintönigen Landes. Nirgendwo sah ich jemanden, der den Boden bebaute, und mit Ausnahme der elenden kleinen Dörfer, durch die wir fuhren, konnte man sich durchaus vorstellen, in einem unbewohnten Land zu sein.

Es war ein Uhr morgens, als ich Stambul erreichte , den türkischen Teil von Konstantinopel. Ich fuhr direkt zum Pera Palace Hotel und ließ mich in einem alten Wagen transportieren , dem einzigen, den ich noch finden konnte. Nirgendwo war ein Licht zu sehen , die Stadt lag in völliger Dunkelheit. Das Pera Palace Hotel ist vielen Engländern als das einzige gute Hotel der Stadt bekannt . Es ist jetzt teurer denn je, da die Preise stark gestiegen sind . Im Ritz Hotel in London könnte ich billiger wohnen als im Pera Palace Hotel in Konstantinopel. Nach ein paar Stunden Schlaf machte ich mich auf, die Stadt zu erkunden, die ich von meinem letzten Besuch kannte. Was für eine Veränderung!

Meine erste Vorsichtsmaßnahme war, den Fez als Kopfbedeckung anzunehmen. „Wenn du in Rom bist, verhalte dich wie die Römer", ist eine ausgezeichnete Maxime, insbesondere in Kriegszeiten . Immer wieder war mir aufgefallen, dass eine Art Uniform das Reisen in einem von Soldaten besetzten Land am einfachsten erleichtert. In Konstantinopel ist der Fez fast eine Einführung. Aber die Veränderungen, die mir auffielen, waren: schlechtes Essen, Brotmarken oder vielmehr Brotbücher, das Brot selbst praktisch ungenießbar, das Hotel voller deutscher Offiziere, die bitter über das Essen murrten und alle großspurig über Ägypten sprachen.

In Konstantinopel spürt man den Kriegsdruck besser als in jeder anderen der großen Hauptstädte im Kriegsgebiet, die ich besucht habe. Der Mangel an den lebensnotwendigen Dingen ist alarmierend geworden. Trotzdem sorgen die Deutschen, die die Straßen, die Regierungsbüros und die Eisenbahnzüge bevölkern, dafür, dass sie selbst gut ernährt und mit allem Notwendigen versorgt sind. Je mehr ich von der deutschen Seite des Krieges sah, desto mehr wurde mir klar , dass die Sorgfalt und Aufmerksamkeit des gesamten deutschen Volkes auf die Armee konzentriert ist. Während alle anderen Regierungsbüros in Konstantinopel schäbig waren, wie sie es immer waren, und es kein elektrisches Licht und keine Gasbeleuchtung mehr gibt, wurde das von den Deutschen kontrollierte Kriegsbüro innen und außen vollständig renoviert und sieht so blitzblank aus, als wäre es in Wirklichkeit preußisch.

Die wehrlosen Untertanen der Völker, die gegenwärtig gegen die Türken kämpfen, die sich noch in Konstantinopel befinden, müssen viele Demütigungen erleiden. Es ist entmutigend, sie zu beschreiben. Zu meiner großen Genugtuung stellte ich fest, dass fast die gesamte englische Kolonie das Land vor Ausbruch der Feindseligkeiten verlassen hatte, aber viele Franzosen und Belgier blieben, auch eine Anzahl Russen, die aus irgendeinem Grund zurückblieben. Sie befinden sich in einem beklagenswerten Zustand. Viele dieser Menschen gehörten vor dem Krieg zu den wohlhabenden Klassen, aber jetzt sind sie arm und abhängig. Ein Belgier, den ich bei meinem ersten Besuch kennengelernt hatte, ein sehr zuverlässiger und ehrlicher Geschäftsmann , erzählte mir viele interessante Dinge.

Als der Krieg ausbrach, lebte er mit seiner Frau und seinen drei Kindern an der kleinasiatischen Küste, auf der anderen Seite des Bosporus , die als Vorort von Konstantinopel angesehen werden muss. Fast jeder Geschäftsmann hat nur sein Büro in Konstantinopel, 90 Prozent von ihnen leben an der kleinasiatischen Küste, die weitaus gesünder, sauberer und angenehmer ist. Dieser Belgier besaß außer dem Haus, in dem er lebte, vier weitere Häuser und einen Bauernhof etwa 32 Kilometer landeinwärts. Er besaß ein Auto, drei Kutschen, zwei Motorboote und mehrere Kühe und Pferde. Die Häuser, die ihm gehörten, wurden von der türkischen Regierung für Krankenhauszwecke beschlagnahmt und für die schlimmsten Fälle wie Cholera, Pest und andere schreckliche Krankheiten verwendet.

Mein belgischer Freund war gezwungen, das Haus, in dem er lebte, zu verlassen und in einem Hotel in Konstantinopel Zuflucht zu suchen. Sein eigenes Haus wurde geplündert und alles weggenommen; seine schöne Sammlung an Gewehren, Pistolen, Bildern und Möbeln wurde von den Soldaten gestohlen . Seine Pferde, Kühe und eigentlich alles, was er besaß, wurden ihm weggenommen und nicht einmal ein Pfandbrief wurde ihm ausgehändigt. Die Türken beschlagnahmten sogar sein Bankguthaben.

Wenn der Türke einen Mann seines Besitzes beraubt, zeigt er eine Gründlichkeit, die einen Deutschen vor Neid erblassen lassen würde. Der Belgier ist zu einem armen Mann geworden, der kaum Nahrung für seine Kinder finden kann. Ohne einige Untertanen neutraler Länder, die ihn vor dem Krieg gekannt haben, würden er und seine Familie tatsächlich verhungern. Der amerikanische Botschafter, Herr Morgenthau, dem die Betreuung dieser Menschen anvertraut wurde , scheint nicht in der Lage zu sein, ihnen viel Hilfe zu leisten. Nicht nur der Belgier, von dem ich gerade gesprochen habe, sondern viele andere beklagten sich bei mir, dass sie jedes

Mal, wenn sie zur amerikanischen Botschaft gingen, nachdem ihnen die Türken etwas gestohlen hatten, mit der Versicherung abgewimmelt wurden, dass man unmöglich etwas für sie tun könne.

Höchstwahrscheinlich waren die französischen und britischen Kriegsschiffkommandanten nicht mit der türkischen Vorgehensweise bei der Entschädigung der Gläubigen vertraut, deren Eigentum durch Bombardierungen beschädigt worden war. Immer wenn ein Haus eines Türken durch französische oder britische Granaten zerstört wurde, wurde das Eigentum eines Untertans der feindlichen Länder, der damals in der Türkei lebte, konfisziert und der Besitzer mit seiner Familie ins Innere Kleinasiens geschickt. Sein gesamtes Eigentum wurde dem Türken übergeben, dessen Eigentum durch die Bombardierung beschädigt worden war.

Die finanzielle Situation in der Türkei ist alarmierend, wie ich zu meiner großen Freude feststellte. Ich selbst war nie ein wirklicher Feind der Türken. Ich hielt sie für ein einfaches, gutherziges Volk und in vielerlei Hinsicht den Bewohnern der umliegenden Länder überlegen. Was ich bei meinem letzten Besuch herausfand, hat meine Meinung jedoch völlig geändert. In vielerlei Hinsicht können sie die Ehre beanspruchen, ihren deutschen Herren gleichzukommen, aber in Grausamkeit, Barbarei und völliger Skrupellosigkeit übertreffen sie jetzt sogar die Deutschen. Nein! Ich bin kein Freund der Türken mehr. Insbesondere bin ich kein Freund ihrer Regierung.

Als ich vor acht Monaten in der Türkei war, staunte ich über die Menge an Gold, die im Umlauf war. Ich hatte immer gehört, dass die Türkei ein sehr armes Land sei, und als ich eine Bank betrat, um österreichische Banknoten umzutauschen, war ich sehr überrascht, dass ich so viel Gold bekommen konnte, wie ich wollte, und ich war verblüfft, besonders weil das Gold verdächtig neu aussah. Später fand ich heraus, dass es Teil des Goldes war, das Deutschland seiner türkischen Freundin geliehen oder gegeben hatte, damit sie am Krieg teilnahm. Gold war auch zur Bezahlung von Requisitionen gegeben worden, und es gab viele, denn die Türken hatten infolge des Balkankrieges fast ihr gesamtes Kriegsmaterial aufgebraucht. Ich fand heraus, dass viele dieser Requisitionen jedoch nicht bezahlt worden waren. Tatsächlich war von den neuen Kriegsrequisitionen keine einzige bezahlt worden, da das meiste Gold von den hochrangigen türkischen Beamten unterschlagen worden war. Das Ergebnis war ein erbitterter Streit mit den Deutschen, der jedoch geheim gehalten wurde.

Aus offensichtlichen Gründen weigerten sich die Deutschen, weiteres Gold zu schicken – sie hatten selbst keines. Vor einigen Monaten Enver Pascha ging nach Berlin, um zu versuchen, die Angelegenheit zu regeln, und seine Mission scheint erfolgreich gewesen zu sein.

Bei diesem Besuch in Konstantinopel stellte ich fest, dass die finanzielle Lage kritisch war. Alles Gold war verschwunden, und, was noch bedeutsamer ist, auch Silber war kaum noch zu bekommen. Dies ist darauf zurückzuführen, dass die neuen, kürzlich von der türkischen Regierung ausgegebenen Staatsanleihen im Inneren der Türkei, wo sich die Bauernhöfe befinden, nicht akzeptiert werden. Die anatolischen Bauern lehnten es umgehend ab, Papiergeld als Tausch für ihre Produkte anzunehmen, und die türkischen Kaufleute waren gezwungen, die Bauern in Silbergeld zu bezahlen, um die Ernte usw. zu kaufen. Das Ergebnis ist, dass in Konstantinopel kaum noch Silber übrig ist, aber im Inneren Kleinasiens ist jede Menge davon im Umlauf.

Der Mangel an Bargeld hat den türkischen Handel lahmgelegt , und deshalb musste sich die Regierung etwas einfallen lassen. Nur wenige Tage bevor ich Konstantinopel verließ, wurde ich Zeuge des Erscheinens des merkwürdigsten Papiergeldes, das ich je gesehen habe. Stellen Sie sich die Situation vor. In der Türkei verliert man bei 1-Pfund-Noten (der ursprüngliche Wert einer 1-Pfund-Note beträgt etwa 17 oder 18 Schilling) sogar bei Regierungsstellen oder der Staatsbahn etwa zehn Prozent beim Umtausch. Um dem Mangel an Bargeld zu begegnen, beschlossen die Türken, dass es legal sei, eine 1-Pfund-Note in zwei Hälften zu schneiden. Als ich also eines Tages im Tokatlian Restaurant in der Pera- Straße aß, bekam ich mein Wechselgeld auf diese neue Art und Weise. Es war ein sehr merkwürdiger Anblick, wie ein Mann sein Messer aus der Tasche zog und die Banknote in zwei Hälften schnitt.

von Angesicht zu Angesicht gegenüberzustehen , natürlich unverschleiert. Mit ihren verhüllten Gesichtern wirken sie so geheimnisvoll, und man stellt sie sich aufgrund ihrer geheimnisvollen Art, sich zu bewegen, viel netter vor, als sie wirklich sind. Bei meinem letzten Besuch war es mir nicht gelungen, eine zu sehen; diesmal hatte ich mehr Glück . Eines Tages betrat ich das Postamt in Stambul , wo keine Europäer leben, und ging zum Briefkasten der Postlager, um zu sehen, ob Briefe für mich da waren. Ein junges Mädchen beantwortete meine Fragen, und sie war ein hübsches orientalisch aussehendes Geschöpf. Zuerst hielt ich sie für eines der unzähligen jüdischen oder griechischen Mädchen, die man in Konstantinopel findet. Sie sprach sehr gut Französisch, und nachdem ich ein paar Minuten gesprochen hatte , fragte ich sie, ob sie Griechin oder Armenierin sei. Sie antwortete mir sofort: „Nein, ich bin ein muslimisches Mädchen." „Was!", rief ich aus, „sind Sie Türkin, *echte* Türkin?" „Ja, das bin ich", sagte sie und erzählte mir dann, dass in den letzten zwei Wochen einige junge Mohammedanerinnen in den Staatsdienst eingetreten seien und dass weitere folgen würden. Wenn alle türkischen Frauen so charmant sind wie sie, dann muss ein Harem viel interessanter sein, als ich dachte.

Mehrmals hatte ich schwarze türkische Soldaten auf der Straße an mir vorbeigehen sehen, Männer des typischen afrikanischen Negertyps, und ich konnte nicht verstehen, aus welchem Teil der Türkei sie gekommen waren. Ich fand jedoch bald heraus, dass es überhaupt keine Türken waren, sondern französische Soldaten, die während der Gallipoli-Kampagne gefangen genommen worden waren . Diese Soldaten, die Mohammedaner waren , wurden bald zu türkischen Soldaten gemacht . Die Türken behandelten sie gut, steckten sie in türkische Uniformen und jetzt kämpfen sie gegen die Franzosen!

Es wurde viel darüber geschrieben, dass alte Männer, die dem Landsturm angehörten , und Jungen an der Westfront gefangen genommen wurden, aber die Deutschen schicken diese Art von Männern nicht in den Nahen Osten. Ihre Armee in Konstantinopel besteht aus wirklich erstklassigen Truppen. Der Saloniki-Korrespondent der *Times* hat angegeben , dass sich 50.000 Soldaten in Konstantinopel befinden. Diese Zahl könnte durch die Stadt gezogen sein. Meiner Meinung nach kann die Zahl der deutschen Soldaten, die sich tatsächlich in Konstantinopel befinden, nach sorgfältigen Berechnungen auf etwa 10.000 geschätzt werden .

Als ich vor acht Monaten in Konstantinopel war, herrschte in der Stadt vergleichsweise viel Fröhlichkeit. Es ist erstaunlich zu sehen, welchen Unterschied das Fehlen von Elektrizität und Gas gemacht hat . Theater, Cafés, Kinos und alle anderen Vergnügungsstätten mussten sofort schließen . Fast alle Geschäfte sind geschlossen. Mit dem Abschneiden der Kohleversorgung wurde das gesamte Leben der Stadt zerstört. In London gibt es zumindest etwas Licht, aber in Konstantinopel kann man sich nachts nur mit Hilfe von elektrischen Taschenlampen fortbewegen, von denen mich die kleinste 8 Schilling kostet.

Die Lage in der Stadt grenzte an eine Hungersnot; der elektrische Straßenbahnverkehr ist, soweit es die Öffentlichkeit betrifft, praktisch zum Stillstand gekommen. Ich habe die Preise für die lebensnotwendigen Güter genau notiert; Zucker kostet 5 Schilling pro Pfund , Kaffee 6 Schilling pro Pfund, und Zigaretten sind um 40 Prozent teurer geworden. Jeder, der die Türkei kennt, wird verstehen, was das für ein Volk bedeutet, das praktisch den ganzen Tag raucht. Streichhölzer kosten 3 Pence pro Schachtel. Die Vorräte an Paraffinöl sind erschöpft , ebenso die an Schokolade, und alle Käsesorten, außer der schrecklichen türkischen Sorte, sind nicht mehr erhältlich. Hammelfleisch ist um 40 Prozent teurer geworden, und Rindfleisch ist nicht mehr zu haben. Die kleinen türkischen Eier, die vor acht Monaten noch einen Farthing pro Stück kosteten, kosten jetzt zwei Pence pro Stück. Seife ist lächerlich teuer, aber die Türken leiden nicht viel darunter! Es gibt sehr wenig Reis, aber Fisch ist natürlich so reichlich vorhanden wie eh und je, dank der einzigartigen Lage von Konstantinopel.

Trotz all dieser Schwierigkeiten und Unannehmlichkeiten scheint die deutsche Kriegsmaschinerie mit der gewohnten Präzision zu agieren. Wenn es den türkischen Bürgern an Nahrungsmitteln mangelt , bekommt der deutsche Soldat jeden Tag seine volle Ration. Das ist nach deutscher Auffassung auch richtig so.

KAPITEL V

ICH INTERVIEWE ENVER PASHA

Germanisierung des türkischen Kriegsministeriums – Halil
Bey – Funkgerät als Zirkus getarnt – Enver Pascha
empfängt mich – Der türkische Napoleon – Ein ziemlicher
Dandy – „Wenn die Engländer nur den Mut gehabt hätten"
– „Nach Ägypten!" – Die Schulden der Türkei gegenüber
Großbritannien – Angelegenheiten vor Manieren – Ein
deutscher Tribut an die britischen Truppen – Ihre Pläne für
den Suezkanal – Deutsche Kriegspläne – Wo man Deutsche
tötet – Die Bagdad-Expedition – Deutsche Offiziere im
Mufti.

Der Hauptzweck meines Besuchs in Konstantinopel war es, von den Türken
herauszufinden, was die deutschen Pläne waren . Ich beschloss, den Stier bei
den Hörnern zu packen , und besuchte dementsprechend das türkische
Außenministerium, um Halil zu sprechen. Bey , der Außenminister. Man
muss bedenken , dass ich vom türkischen Botschafter in Wien eine
persönliche Empfehlung für ihn erhalten hatte. Nach vier erfolglosen
Versuchen gelang es mir dank meiner Legitimation, ihn zu treffen, was es
mir ermöglichte, so viele wertvolle Informationen zu sammeln. Das
Außenministerium ist wie jedes andere Ministerium von Deutschen
verseucht . Halil Bey , der mich höflich empfing, ist ein wohlhabend
aussehender Türke, den man als dick bezeichnen könnte . Er war offen
prodeutsch.

„Was wir Türken brauchen", bemerkte er, „ist deutsche Geschäftsinitiative.
Die besitzen wir noch nicht. Sehen Sie, was Deutschland für Rumänien getan
hat ; es hat es reorganisiert und auf die Beine gestellt. Rumänien ist jetzt reich
und wohlhabend und voller Unternehmungsgeist. Die Deutschen sind nur
für die Dauer des Krieges bei uns", fügte er hinzu, „und sie werden der
Türkei helfen, eine wohlhabende Nation zu werden. Sehen Sie, was sie für
uns in Anatolien tun. Dort haben wir 200 deutsche Unteroffiziere, die den
Menschen moderne Landwirtschaft beibringen."

Ich habe beschlossen, dass Halil Bey war ein Optimist und ein sehr schlechter
Geschichtskenner. Außerdem konnte er den deutschen Charakter ebenso
schlecht beurteilen.

Mein Ziel bei der Suche nach Halil Bey wollte jedoch nicht so sehr seine
eigene Meinung erfahren, sondern vielmehr eine Einführung bei Enver
Pascha bekommen. Ich bedrängte den Außenminister sehr stark.

„Es ist mein Wunsch", sagte ich, „ein paar Worte mit dem Napoleon des Balkans zu wechseln."

„Das", antwortete er, „ist sehr schwierig. Zwanzig oder dreißig österreichische und deutsche Journalisten waren hier, aber der Kriegsminister war so beschäftigt, dass er keinen von ihnen empfangen konnte. Aber ich werde es versuchen", fügte er hinzu, griff zum Telefon, rief den Kriegsminister an und unterhielt mich lachend auf Türkisch mit ihm, dessen Inhalt ich nicht verstand. Für mich war die Sache offensichtlich zufriedenstellend und man sagte mir, ich solle am nächsten Morgen ins Kriegsministerium kommen, wo Enver Pascha mir eine Audienz gewähren würde.

Das türkische Kriegsministerium steht auf einem Hügel im Herzen von Istanbul, dem Eingeborenenviertel der Stadt. Es ist ein riesiges, gedrungenes Gebäude, das von einem etwa fünf Meter hohen Geländer umgeben ist. Vom Hügel aus hat man eine herrliche Aussicht auf Istanbul und das Marmarameer. Für einen armen und übermüdeten Journalisten, der sich keine Kutsche leisten kann und eine halbe Stunde lang mühsam den Hügel hinaufgewandert ist, um sein Ziel zu erreichen, sind die Herrlichkeiten der Natur jedoch nicht von Belang.

Bei meinem letzten Besuch in Konstantinopel hatte ich das Kriegsministerium kennengelernt, das damals traurig schmutzig und vernachlässigt war und ein typisch türkisches Aussehen hatte. Jetzt war alles so verändert, dass man es kaum wiedererkennen konnte. Innen und außen war es neu dekoriert worden. Es war offensichtlich die Absicht der Deutschen, dass das Kriegsministerium, so vernachlässigt die anderen türkischen Regierungsgebäude auch sein mochten, ein Ort sein sollte, der die Vorstellungskraft prägte.

Wieder war ich von der Anzahl der deutschen Offiziere überrascht, die dort zu sehen waren, obwohl die meisten von ihnen türkische Uniformen trugen. Sie waren überall zu sehen, und offensichtlich lag die gesamte Leitung der Angelegenheiten in ihren Händen.

Bei meiner Ankunft wurde ich in ein Vorzimmer geführt, wo ich mich einige Minuten mit Envers deutschem *Adjutanten* unterhielt.

Während wir so da saßen und plauderten, erinnerte ich mich an einen Vorfall, der sich bei meinem letzten Besuch im türkischen Kriegsministerium im Mai 1915 ereignet hatte. Durch eines der Fenster hatte ich einen riesigen Mast bemerkt, der zur großen Funkstation von Osmanli gehörte.

„Was halten Sie davon?", fragte ein deutscher Leutnant, mit dem ich mich unterhalten hatte. „Mit dieser Funkstation können wir mit Berlin kommunizieren."

Damals bezweifelte ich das, aber inzwischen habe ich herausgefunden, dass die Aussage völlig richtig war. Ich fragte, ob es sich um das Funkgerät von *Goeben handelte* , und ging dabei bewusst von Unschuld aus, um den Deutschen zu weiteren Enthüllungen zu verleiten.

„Oh nein", war die Antwort, „Schiffe haben keine Masten dieser Größe. Dieser hier kam aus Deutschland."

„Aus Deutschland!", rief ich. „Aber Rumänien würde doch sicher keinen Funkapparat durchlassen . Das wäre ein Verstoß gegen die Neutralität."

Der Offizier lächelte, ein deutsches Lächeln, ein Lächeln überlegenen Wissens. „Nun", antwortete er, „tatsächlich wurde es nicht als drahtloses Gerät zugelassen, aber ich werde Ihnen das kleine Gerät erklären, mit dem wir es dorthin gebracht haben. Wir mussten uns einen Plan ausdenken, da wir dringend ein starkes Gerät brauchten, also haben wir es als Zirkus hierhergebracht!"

Ich lachte lauthals, aber mein Begleiter schien an dem Vorfall nichts Komisches zu finden. Er schien es eher klug als lustig zu finden – er war ein typischer Deutscher. Humor gibt es nicht, wenn es um die Bedürfnisse des Vaterlandes geht.

Plötzlich läutete eine elektrische Klingel und rief den *Adjutanten herbei* , der mich zum Kriegsminister führte. Mein erster Eindruck von Enver Pascha war, dass er sehr gut mit sich selbst auskam. Er ist ein kleiner Mann, etwa 1,65 Meter groß, mit kohlschwarzen Augen, schwarzem Schnurrbart und insgesamt recht hübschen Gesichtszügen. Er ist etwa 35 Jahre alt, sieht aber jünger aus und hat offensichtlich sehr auf sich geachtet. Sein Gesicht zeigte einen zufriedenen Ausdruck, der keinen Augenblick wich. Ich konnte nicht sagen, ob dies seine Gewohnheit war oder ob er es zu meinem eigenen Vorteil vortäuschte . Er war gut gekleidet und gepflegt und hatte etwas von einem Dandy an sich; tief auf der linken Brust trug er das Eiserne Kreuz Erster Klasse. Er sprach perfekt Deutsch , Halil spricht nur Französisch .

Enver lächelte, als er mir die Hand schüttelte, nicht nur wegen meines Fez, sondern auch wegen meiner Karte, die in türkischen Buchstaben gedruckt war. Seine Augen funkelten fröhlich und er hatte ein äußerst lockeres Auftreten. Es heißt , er orientiere sich nicht am großen Kriegsherrn, sondern an Napoleon, und reite sogar auf einem weißen Schlachtross. Der allgemeine Eindruck in Konstantinopel war, dass er nicht wenig von sich selbst überzeugt ist. Nicht einen Augenblick lang ließ er mich vergessen, dass er mir großzügigerweise etwas von seiner kostbaren Zeit schenkte. Seine erste Tat bestand darin, ein großes goldenes Zigarettenetui hervorzuholen, aus dem er mich einlud, eine Zigarette zu nehmen, nachdem er sich zuvor selbst sorgfältig eine ausgesucht hatte. Dann lehnte er sich bequem in seinem Sessel zurück und wartete auf meine Fragen.

Um ihn zum Reden zu bringen, fragte ich ihn, ob es wahr sei , dass Großbritannien zu einem Separatfrieden mit der Türkei bereit sei und wenn ja, was die Folgen solcher Angebote wären.

„Es ist zu spät", antwortete er lächelnd. „Vielleicht hatten sie diesen Plan, und er hätte auch Erfolg haben können. Aber wir wissen, dass die Entente – oder wie er sie scherzhaft nannte, die Mal-Entente – „die Pläne haben, Konstantinopel an Russland zu übergeben, und das hat uns gezwungen, bei den Mittelmächten zu bleiben."

Über die Gallipoli-Kampagne sagte er: „Wenn die Engländer nur den Mut gehabt hätten, mehr Schiffe durch die Dardanellen zu schicken, hätten sie es bis nach Konstantinopel geschafft. Doch ihre Verzögerung ermöglichte es uns, die Halbinsel gründlich zu befestigen, und innerhalb von sechs Wochen hatten wir über zweihundert österreichische Skoda-Geschütze zerstört .

„Aber", fuhr er fort, „ selbst wenn die britischen Schiffe Konstantinopel erreicht hätten, hätte es ihnen nicht viel genützt. Unser Plan war, unsere Armee in die umliegenden Berge und nach Kleinasien zurückzuziehen und ihnen die Stadt zu überlassen. Sie hätten sie nicht zerstört, und das Ergebnis wäre einfach eine *Sackgasse gewesen* . Mit den Deutschen können wir das Britische Empire durch den Suezkanal angreifen. Unser Motto lautet: ‚Nach Ägypten!'"

Ich sagte ihm, dass es in meinem Land äußerst schwierig sei, zu akzeptieren , dass die Türkei tatsächlich mit England und Frankreich im Krieg sei. Ohne die Bemühungen dieser beiden Länder würde die Türkei als eigenständiges Königreich in Europa schon lange nicht mehr existieren.

„Das ist ganz richtig (sie haben recht)", antwortete er ohne nachzudenken. Doch im selben Atemzug murmelte er: „Was England für die Türkei tat, geschah nicht aus Liebe, sondern aus Rücksicht auf seine eigenen Interessen. England fürchtete die Konkurrenz Russlands im Mittelmeerraum."

Envers selbstgefällige Haltung bereitete mir ein wenig Misstrauen , aber ich glaube, er meinte es ernst mit dem, was er mir sagte. Ich beobachtete ihn sehr genau, als er mir sagte, dass die Engländer mit dem Opfer einiger weiterer Schiffe Konstantinopel erreicht hätten, und ich bin überzeugt, dass dies seine feste Meinung ist. Ich musste unweigerlich daran denken, wie traurig das alles war und dass durch ein wenig mehr Unternehmungsgeist 200.000 Opfer hätten vermieden werden können . Ich erfuhr, dass diese Meinung in Konstantinopel allgemein verbreitet war, sogar in hohen diplomatischen Kreisen.

Nach zehn Minuten Enver stand auf und sagte: „Sie müssen mich jetzt entschuldigen, ich bin beschäftigt." Er schüttelte mir die Hand und verließ abrupt den Raum. Ich war ein wenig überrascht, schloss daraus aber, dass er in seinen vielen Aufgaben nie die Muße gehabt hatte, sich mit Manieren und der Höflichkeit zu befassen, die selbst einem Journalisten gebührt. Wäre ich Engländer, hätte ich seine Haltung besser verstehen können; denn vor einigen Jahren besuchte er England, wo er nicht die Aufmerksamkeit erhielt, die er erwartet hatte. Das Ergebnis war, dass er stark antibritisch eingestellt nach Konstantinopel zurückkehrte.

Envers Ansicht, dass Großbritannien die Dardanellen hätte erzwingen können, wenn es etwas mehr Elan und Gleichgültigkeit gegenüber dem Verlust einiger Schiffe gezeigt hätte, wurde von den deutschen Offizieren geteilt, die ich sowohl im Pera Palace als auch im Continental Hotel traf, wo ich nach meiner Rückkehr aus Kleinasien übernachtete, nur wurde sie in ihrem Fall heftiger zum Ausdruck gebracht. Die Türken haben keine wirkliche Abneigung gegen die Engländer und keine gegen die Franzosen, obwohl alle französischen Wörter von den Ladenschildern in Konstantinopel entfernt wurden.

Die deutschen Offiziere brachten jedoch ihren Hass auf die Briten sehr offen zum Ausdruck, obwohl sie die Kampfkraft ihrer Soldaten voller Bewunderung waren. Überall hörte ich die Bemerkung, sie wünschten, sie hätten britische, australische und kanadische Tommies unter ihrem Kommando. Die allgemeine Ansicht, die in Konstantinopel zum Ausdruck kam, ist, dass die vereinigte deutsch-türkische Armee den Suezkanal von einem Ende zum anderen zerstören und ihn, wenn nötig, mit altem Sand auffüllen und so unpassierbar machen wird.

„Aber wenn Sie das tun", bemerkte ich gegenüber mehr als einem von ihnen, „werden die Briten lediglich auf ihre alte Route nach Indien *über* das Kap der Guten Hoffnung zurückkehren."

Sie haben darauf kein einziges Mal eine Antwort gegeben. Der Deutsche hat die außergewöhnliche Fähigkeit, nicht über sein konkretes Ziel hinauszublicken. Er ist ein Geschöpf der Rufe „Nach Paris!", „Nach Calais!", „Nach Warschau!", „Nach Ägypten!" ; und wenn er merkt, dass er nicht weiterkommt, vergisst er sein Ziel, so wie ein Kind sein Spielzeug vergisst, wenn sich ihm etwas Interessanteres bietet.

Alle räumten jedoch ein, dass die Deutschen keine Chance hatten, Paris zu erreichen. Sie behaupteten - und man muss bedenken, dass viele von ihnen im Westen gekämpft hatten -, dass sie die englischen und französischen Armeen wirksam abgeriegelt und praktisch kampfunfähig gemacht hätten, wodurch sie zusammen mit ihren Verbündeten - Österreichern, Türken, Bulgaren und Arabern - ungehindert an der Ostfront operieren konnten.

Wie gesagt bestand mein Auftrag darin, die deutschen Pläne im Osten herauszufinden. Zu diesem Zweck mischte ich mich ungezwungen unter so viele Deutsche und Türken wie möglich. Ich ließ keine Gelegenheit aus, mit jedem ins Gespräch zu kommen, der auch nur die geringste Lust zum Gespräch zeigte. Glücklicherweise spreche ich perfekt Französisch und fast ebenso gut Deutsch. Durch Französisch konnte ich mit den Türken sprechen, und mein Deutsch ermöglichte es mir, „nahe zu kommen", wie die Amerikaner sagen, und zwar nicht nur an die deutschen Soldaten, sondern auch an Offiziere und Zivilisten, die in Konstantinopel stationiert sind oder auf ihrem Weg nach Kleinasien durch Konstantinopel reisen.

Es scheint Teil des deutschen Wirtschaftsplans zu sein, die Türkei in ein großes deutsches Abhängigkeitsgebiet zu verwandeln und die Türken zu zwingen, den Boden zu bebauen, der mancherorts der fruchtbarste der Welt ist. Der wahre Humor der Situation wird sich entfalten, wenn die Türken erkennen, worauf sie sich eingelassen haben . Was die deutschen Militärpläne betrifft, so sind es, soweit ich es beurteilen konnte, drei an der Zahl. Ich persönlich bin der Ansicht, dass sie alle drei gleichzeitig in Angriff nehmen und sie dann je nach Schicksal entwickeln lassen werden. Diese Pläne sind (1) der Bagdad-Persien-Indien-Plan; (2) der Kaukasus-Plan, mit dem man den Russen entgegentreten will; (3) Ägypten und der Suezkanal-Plan.

Eines Nachmittags sagte ein Deutscher zu mir: „Wenn die Engländer und Franzosen wüssten, dass der richtige Ort zum Töten der Deutschen zwischen Nieuwpoort in Belgien und Mülhausen im Elsass liegt. Aufgrund ihrer minderwertigen Stabsarbeit, des Mangels an Munition und der Angst vor unseren Gewehren, dem Gas, den Minen und Maschinengewehren lassen sie uns im westlichen Kriegsschauplatz verhältnismäßig ruhig und ermöglichen es uns, die Kommunikationslinien nach Indien und die lächerliche Townshend-Expedition zu bedrohen, die niemals Bagdad erreichen wird."

Unter den deutschen Offizieren herrscht eine allgemeine Verachtung für die englische und französische Stabsarbeit, insbesondere für die englische. Im Sachim Pasha Hotel in Istanbul begegnete ich einem netten alten Türken, der sehr gut Französisch sprach. Er war der Vali von Bagdad (eine Art Friedensrichter, glaube ich), der gekommen war, um den Deutschen den Zustand der englischen und türkischen Streitkräfte zu melden. Was er sagte, war praktisch eine Wiederholung dessen, was Enver mir einige Tage zuvor über Gallipoli gesagt hatte: „Wir waren sehr beunruhigt, als wir hörten, dass sie kamen", bemerkte er, „denn unsere Verteidigung war in einem schlechten Zustand und wir hatten nichts außer ein paar alten Kanonen. Unsere Spione sagten uns jedoch, dass General Townshends Streitmacht klein war, und deshalb fassten wir Mut und hielten die Engländer in Schach, bis wir unsere

Verstärkung holen konnten; jetzt werden sie, Allah sei Dank, unsere heilige Stadt nie erreichen, ihre Hilfstruppe kommt zu spät."

Es ist nicht meine Aufgabe, der britischen Regierung Ratschläge zu erteilen. Wie ich bereits sagte, liebe ich das Land, so sehr ich auch die Deutschen hasse, aber ich wünschte, die britischen Minister könnten verstehen, wie oft der Ausdruck „zu spät" im Zusammenhang mit den Operationen der Alliierten während meiner Reise aufgetaucht ist .

Die deutschen Behörden in Konstantinopel wurden von der Bevölkerung in Bagdad gedrängt, alle verfügbaren Männer dorthin zu schicken, während der unmittelbare Wunsch der Türken darin besteht, zum Suezkanal zu gelangen und so ihre schöne Provinz Ägypten und den Nil zurückzuerobern. Die türkischen Gefühle in Verbindung mit dem deutschen Hass auf England könnten wahrscheinlich den sofortigen Vorstoß auf den Kanal beschleunigen. Seit meiner Rückkehr nach England wurde mir häufig gesagt, dass dies unmöglich sei, dass es sich nur um einen „Bluff" handele. Ich erinnere mich, dass dasselbe gesagt wurde, als Enver Pascha vor Monaten ankündigte, dass die Deutschen kommen würden, um Konstantinopel zu entsetzen. Meine eigene Meinung – die natürlich wertlos sein kann, aber die ich durch Gespräche mit Dutzenden Türken und Deutschen in Konstantinopel und Kleinasien gebildet habe – ist, dass die Deutschen und Türken eines – zumindest eines – ihrer drei Ziele erreichen können, möglicherweise zwei, vielleicht sogar alle drei, wenn es nicht zu großen gemeinsamen Anstrengungen der Briten und Franzosen in Frankreich und der Russen im Kaukasus kommt. Die entscheidenden Faktoren sind der Druck der verhassten britischen Marine und eine stärkere Aktivität in Frankreich, Belgien und Russland.

Jeden Nachmittag um vier Uhr legen die deutschen Offiziere, die ständig aus Berlin im Pera Palace Hotel eintreffen, um ihre Anweisungen entgegenzunehmen, ihre Militärkleidung ab und erscheinen in Zivil. Auch hier haben wir einen Beweis für die deutsche Subtilität. Kein Mann auf der Welt liebt seine Uniform so sehr wie der deutsche Offizier, aber wie mir ein schelmischer bayerischer Leutnant sagte: „Wir dürfen den Türken nicht den Eindruck vermitteln, wir seien eine deutsche Heuschreckenplage. Wir wollen nicht, dass die Galatabrücke immer wie Unter den Linden aussieht, also gehen wir, sobald wir unseren Dienst getan haben, wie Zivilisten um." Sie sind klug. Konstantinopel sieht bereits ziemlich deutsch aus – das heißt, für türkische Augen. In der Stadt werden deutsche Zeitungen gedruckt, die Besatzungen der *Goeben* und *Breslau* tragen den türkischen Fez, und die der U-Boote und Schwärme verschiedener Deutscher, die alle ihr jeweiliges Ziel vor Augen haben. Diese Tatsachen allein reichen aus, um auch bei den entschiedensten prodeutschen Türken Bedenken hervorzurufen. Meiner Meinung nach haben die Deutschen, was auch immer das Ergebnis des

Krieges sein mag, den Nahen Osten so fest im Griff, dass es nahezu unmöglich sein wird, sie zu vertreiben . Geld ist in Deutschland knapp, aber die Deutschen scheinen genug zu haben, um es in der Türkei und in Kleinasien auszugeben.

KAPITEL VI

ICH BESUCHE KLEINASIEN

Ein bemerkenswerter Bahnhof – Ich breche nach Konia auf
– Die Anatolische Eisenbahn – Wie man nach Bagdad
kommt – Ausführliche Anweisungen – Vorsicht ist geboten
– Englische und französische Gefangene – Die Türken in
der Kunst des Friedens unterweisen – Ein lauter Schläfer –
Hamburgs Hass auf Großbritannien – Zugeständnisse an
Österreich und die Türkei – Feldmarschall von der Goltz –
Ich kehre nach Konstantinopel zurück.

Nachdem ich neun Tage in Konstantinopel verbracht hatte, beschloss ich,
den gefährlichsten Teil meiner Reise anzutreten. Zu diesem Zeitpunkt
rechnete ich noch nicht damit, in Nisch dem Kaiser und seinem Leibwächter
zu begegnen.

die Anatolische Eisenbahn für gewöhnliche Zivilreisende gesperrt ist , weil
ganz Kleinasien, wie wir es hier nennen, „Kriegsgebiet" ist. Nach meinem
Gespräch mit Enver Pascha dachte ich jedoch, dass es nicht so schwierig sein
würde, eine Erlaubnis zu erhalten, ins Innere der Türkei zu reisen, und
tatsächlich hatte ich nach zwei Tagen unermüdlicher Anstrengung und vielen
Stunden in Vorzimmern das Glück, die so ersehnte Erlaubnis zu erhalten. In
meinem Pass war in türkischen Buchstaben unter dem Stempel des
türkischen Kriegsministeriums vermerkt , dass ich in das Militärgebiet reisen
durfte – mit anderen Worten, dass ich nach Kleinasien gehen durfte.

Ich nahm die Fähre über den Bosporus zum Haidar- Pascha-Bahnhof, einem
palastartigen Gebäude, dem Ausgangspunkt aller großen deutschen
Unternehmungen im Osten. Er wurde erst vor kurzem von einer deutschen
Firma erbaut und steht dort als Denkmal des Unternehmergeistes und der
Fähigkeiten dieser erstaunlichen Nation. Haidar Pascha selbst ist ein
einfaches Dorf am Marmarameer, und der Bahnhof hat eine der schönsten
Lagen seiner Art auf der Welt. Das Herz eines jeden patriotischen Germanen
erbebt, wenn er in der großen Halle herumstolziert und die verschiedenen
Bekanntmachungen in seiner Muttersprache liest.

Der Rest der Welt kann viel vom deutschen Bahnhof lernen, und dieser in
Haidar Pasha ist für die Türken ein Musterbeispiel in Sachen Sauberkeit. Die
umliegende Landschaft sieht ärmlich aus, alle Häuser sind klein und
ungepflegt , und je länger man den schönen Bahnhof betrachtet, desto
offensichtlicher wird sein Kontrast zu seiner Umgebung. Man muss
bedenken, dass jeder türkische oder deutsche Soldat, der an die Front im
Kaukasus, in Mesopotamien oder an Ägypten geht, den Bahnhof Haidar

Pasha passieren muss , den Endpunkt der anatolischen und eigentlich aller türkischen Eisenbahnen in Asien.

Meine dunkle Hautfarbe und mein ständiges Tragen des Fez sorgten dafür, dass ich weniger Aufmerksamkeit erregte, als es sonst der Fall gewesen wäre. Glücklicherweise hatte ich eine flüchtige Bekanntschaft mit Enver Paschas deutschem *Adjutanten gemacht* , und er war sehr freundlich und gab mir offizielle Anweisungen, wie ich nach Bagdad komme, wo ich anhalten sollte, was ich in den sogenannten Hotels bezahlen sollte und so weiter. Ich kann nur hoffen, dass er dieses Buch nie liest, um seiner Seelenruhe willen.

Diese Liste mit Anweisungen ist ein typisches Beispiel deutscher Gründlichkeit und wurde auf Französisch gedruckt, weil, obwohl es heute in der Türkei und in Kleinasien von Deutschen wimmelt, Französisch für einen Reisenden in abgelegenen Gegenden die einzige Sprache ist, die er sprechen kann – vorausgesetzt, er beherrscht kein Türkisch.

Ich halte das Dokument für so interessant, dass ich es im Folgenden zusammen mit einer Übersetzung wiedergebe.

BULLETIN DES RENSEIGNEMENTS

auf der Reise von Haidar-Pacha nach Rees-el-Ain.

1. Abfahrt von Haidar-Pacha , Ankunft abends in Eski-Chehir ; Hotel Tadia (Frau Tadia).

2. Abflug von Eski-Chehir , Ankunft in Konia; Hôtel de la Gare konstruieren durch die Gesellschaft (Frau Soulié).

3. Abfahrt von Konia, Ankunft in Bozanti . Il nein , in Bozanti das ist einfach nur han .

4. Flugbahn de Auto von Bozanti nach Tarsus, 70 Kilometer . von 10 bis 12 Stunden auf der guten Straße . Die Autos doivent est kommandierte von vorne bis hinten zum Handji von Bozanti oder nach Tarsus, ja l'on veut Setzen Sie Ihre Reise ohne Zwischenstopp in Bozanti fort. Autopreise von Ltqs 2 bis 5 unter Umständen . Entre Bozanti und Tarsus seine vielen Khans l'on kann sein , dass die Nacht vorbei ist : Sary Cheih , Mezarolouk , Yéni - Han. Ich empfehle d'emmener son lit de camp et de se pourvoir von Genehmigungen und Flaschen ausreichend .

5. Tarsus, ungefähr ¾ Stunde Avantgarde Ankunft über die MTA- Linie zur Haltestelle Kulek -Bognaz . in Tarsus 3 Hotels : Serai Hotels , Osmanis und Stamboul (10 S. par lit), en unser Restaurant „ Bélédie ".

6. Abfahrt von Tarsus, Ankunft in Mamouré . Mamouré Nest was eine Etappenstation Militär . Aucun Hotel ni han . Reisende, die sich nicht zu sehr in ihrer Stimmung verstecken, können die Nacht in einfachen Cafés verbringen , wo ils trouvant einige Leben , aber wo es kann nicht erhalten Sie die Buchstaben . Il Europäische Sommerzeit also Für Reisende, die kein Zelt oder Lagerfeuer haben , ist es vorzuziehen , in Osmanié anzuhalten und die Nacht zu überstehen . Hotels : Ismyr et Ahmed (5 S. par lit.). Die Mieter davon Hotels Autos kaufen Notwendiges für die Reise nach Radjou. Autopreis 2 bis 5 Ltqs . folgen Sie den Umständen .

7. Flug de Auto von Osmanié nach Radjou. Ungefähr 110 Kilo . in 2 Tagen auf befahrbarer Strecke , das ist eine schöne Jahreszeit : der Tag; von Hassan Bey und dem Col de l'Amanus nach Entilli (ca. 50 Kilometer); In den Hotels von Entilli gibt es noch immer einfache Cafés . Die Reisenden können außerdem passieren wir die Premierennacht in etwa 12 Kilometer Entfernung von Islahié . d'Entilli ; in Entilli , Bewachung eines Jagdhauses , Arbeitszimmer Militär , Pluszeichen Hans mit Lit. (10 S. pro Lit.) 2. Tag: von Entilli bzw. Islahié à Radjou (60 bzw. 48 Kil .); nach Radjoué ni Hotel ni hans ; noch was von Cafedjis .

8. Von Radjou nach Halep : derselbe Tag (anders Hotels).

9. Von Halep nach Rees-el-Ain (heute) . Belagerung eines Jagdreviers . Einige Hans ohne Buchstaben ; noch was von Cafedjis .

10. Von Rees-el-Ain nach Bagdad. Trajet , der abläuft von 10 bis 12 Tagen .

Empfehlungen Spezialgebiete : Lagerfeuer oder Matelas unverzichtbar. Es empfiehlt sich von Emmener auch une Zelt . Mals doivent sehr gutes Baugewerbe solide und darf das Gewicht von 60 Kilo nicht überschreiten . pro Stück. Anstelle von Malles kann man Nehmen Sie Reisekoffer oder Reisetaschen mit. Der übliche Transport erfolgt per Auto „ Yaili ", das ist alle Tage auf Reisen mit dem Pferd bevorzugt . Kleidung anziehen heiße Nachtküsse und von Genehmigungen und Flaschen ausreichend . Nicht vergessen eine kleine Feldapotheke . Das Wasser was trödeln de Route ist Souvenir schädlich für die Gesundheit.

[*Übersetzung.*]

RICHTUNGEN

Für die Reise von Haidar Pasha nach Ras -el-Ain.

1. Verlassen Sie Haidar Pasha und kommen Sie abends in Eskishehr an ; Hotel Tadia , Mme. Tadia .

2. Abfahrt von Eskishehr , Ankunft in Konia; Station Hotel, erbaut von der Firma Mme. Sulieh .

3. Verlassen Sie Konia und kommen Sie in Bozanti an . Nur ein einfaches Gasthaus.

4. Mit der Kutsche oder dem Auto von Bozanti nach Tarsus, 44 Meilen in zehn oder zwölf Stunden auf guter Straße. Fahrzeuge sollten im Voraus bei Handji in Bozanti oder in Tarsus bestellt werden, wenn Sie Verzögerungen in Bozanti vermeiden möchten . Fahrpreis £T2 bis £T5 (£T1 nominell 17s. 6d. bis 18s.), je nach Umständen. Zwischen Bozanti und Tarsus gibt es mehrere Gasthöfe, in denen man im Notfall übernachten kann ; Sary Cheih , Mezarolukl , Yeni -Han. Nehmen Sie am besten ein Feldbett und ausreichend Essen und Trinken mit.

5. Tarsus: Etwa eine Dreiviertelstunde vor der Ankunft überqueren Sie die Strecke Tarsus-Aleppo am Halt Kulek-Boghaz . Drei Hotels in Tarsus: Serai , Osmanli und Stambul , 10 Piaster (1 Schilling, 8 Pence) pro Bett. Außerdem ein Restaurant namens Beledieh .

6. Verlassen Sie Tarsus und kommen Sie in Mamureh an . Dies ist nur ein Militärstützpunkt. Kein Hotel oder Gasthaus. Reisende ohne Zelt können die Nacht in den Cafés verbringen, wo sie Essen, aber keine Betten bekommen. Wenn Sie kein Zelt oder Bett haben, ist es besser, in Osmanieh zu übernachten . Hotels Ismyr , Ahmed, 5 Piaster (10d.) pro Bett. Die Hotelbesitzer können Fahrzeuge für die Reise nach Radju besorgen. Fahrpreise: 2 bis 5 Pfund, je nach Umständen.

7. Reise mit dem Auto oder der Kutsche von Osmanieh nach Radju , etwa 70 Meilen in zwei Tagen auf einer

befahrbaren Straße, die in der guten Jahreszeit gut befahrbar ist.

1. Tag: Hassan Bey und Amanuspass nach Entilli , ca. 52 km. In Entilli gibt es keine Hotels, nur einfache Cafés. Die erste Nacht kann man in Islahieh verbringen , ca. 12 km von Entilli entfernt . Bezirkshauptquartier von Entilli , Militärstützpunkt, mehrere Gasthöfe mit Betten; 10 Piaster pro Bett.

2. Tag: Entilli (oder Islahieh) nach Radju , 38 (oder 31½) Meilen. Radju , keine Hotels oder Gasthäuser, nur Cafés.

8. Radju nach Aleppo am selben Tag. Verschiedene Hotels.

9. Aleppo nach Ras -el-Ain am selben Tag. Bezirkshauptquartier. Mehrere Gasthäuser ohne Betten, nur Cafés.

10. Ras -el-Ain nach Bagdad. Die Reise kann in 10 bis 12 Tagen durchgeführt werden .

Besonderer Hinweis: Feldbett oder Matratze sind unverzichtbar. Es empfiehlt sich, ein Zelt mitzunehmen. Reisekoffer sollten robust sein und nicht mehr als 54 kg wiegen. Statt Reisekoffern können Sie auch Taschen oder Koffer mitnehmen. Die übliche Fortbewegung ist mit dem Auto , aber immer besser als zu Pferd. Nehmen Sie warme Kleidung für die Nacht und genügend Essen und Trinken mit. Vergessen Sie nicht eine kleine Hausapotheke. Es ist oft riskant, das unterwegs gefundene Wasser zu trinken.

In einer überfüllten Stadt besteht natürlich weit weniger Gefahr, von Geheimdienstbeamten angegriffen zu werden, als in Kleinstädten. In Konstantinopel war ich nur einer von Tausenden von Fremden, die hier und da hin und her gingen , und das zu einer Zeit großer Veränderungen in der Geschichte der türkischen Hauptstadt. Die Ankunft eines Fremden in einem Dorf bringt jedoch alle lokalen Wichtigtuer zum Reden und Spekulieren darüber, woher er kommt und warum er gekommen ist. Und das bringt ihn in Konflikt mit einem unbeholfenen kleinen Beamten oder weckt zumindest seinen Verdacht. Es ist durchaus möglich, dass diese Person, die eifrig ihre Autorität und ihren Patriotismus demonstrieren will, aufgrund ihrer Ungeschicklichkeit auf etwas stößt, das ihre Vorgesetzten völlig übersehen haben. So etwas war mir schon einmal passiert.

Ich beschloss daher, vorsichtiger denn je zu sein und nichts dem Zufall zu überlassen. Ich wollte so weit wie möglich auf der Bagdadbahn fahren, nicht nur um die Strecke selbst zu erkunden, sondern auch um *unterwegs* mit den Passagieren zu sprechen . Menschen aus fremden Ländern werden gesellig, und ich habe oft festgestellt, dass man in einem Eisenbahnwaggon während einer verhältnismäßig kurzen Reise mehr lernen kann als bei einem langen Aufenthalt in einer Stadt. Zwischen Reisenden besteht ein Band der Sympathie , genau wie zwischen Rauchern, das sie nach ein paar Stunden, manchmal sogar schon nach ein paar Minuten, mitteilsam werden lässt. Ich wollte nach Aleppo, kam aber zu dem Schluss , dass ich wahrscheinlich nie zurückkehren würde, wenn ich zu weit auf der Straße nach Bagdad vordrang.

Der Zug nach Eski-Schehr , dem Knotenpunkt der Kaukasus-Eisenbahn, *über* Angora, fuhr um vier Uhr nachmittags ab. Türkische Soldaten, die an die Kaukasus-Front reisen, um gegen die Russen zu kämpfen, reisen nur bis Angora mit der Bahn, den Rest der Strecke legen sie zu Fuß zurück. Die Straßen sind furchtbar schlecht, aber der türkische Soldat überwindet alle Schwierigkeiten, denen er begegnet, mit Gelassenheit, denn er ist zu Recht berühmt für sein tapferes Herz und seine Fähigkeit, Härten aller Art zu ertragen.

In Angora, so glaube ich, sind die englischen Gefangenen eingesperrt. Ich habe dafür keine Beweise, außer einer zufälligen Bemerkung, die ich hörte, als ich in Eski-Shehr auf den Zug wartete . Ich weiß mit Sicherheit , dass sich in Angora französische Gefangene befinden. Später, in Konia, sah ich etwa 300 französische Gefangene, die, wie ich leider sagen muss, beklagenswert vernachlässigt wurden, kaum Nahrung bekamen und wie die Fliegen starben. Die unhygienischen Bedingungen in diesem Lager waren unbeschreiblich. Die Türken sind vielleicht nicht von Natur aus grausam, oder zumindest beschränken sie ihre Gräueltaten auf Armenien. Sie haben ihre eigenen Ansichten über Gefangene im Allgemeinen. Türkische Gefangene in türkischen Gefängnissen werden nicht gut behandelt. Schließlich ist ein Gefangener in der türkischen Denkweise kein sehr wichtiger Faktor, und man sollte bedenken, dass sich der Nahrungsmittelmangel auf das gesamte Gebiet der deutschen Operationen erstreckt, immer mit Ausnahme des deutschen Soldaten selbst. Sogar am schönen Bahnhof Haidar Pascha, ich konnte nicht einen Bissen Brot oder auch nur einen Keks bekommen. Die einzige Erfrischung, die es gab, war unbegrenzt deutsches Bier, das von einer örtlichen deutschen Brauerei hergestellt wurde.

Die Fahrt nach Eski-Shehr war angenehm, obwohl die Züge langsam fuhren und an jedem Bahnhof längere Zeit anhielten. Es gibt keine Schnellzüge auf der Bagdadbahn. Die Fenster der Waggons waren jedoch nicht gestrichen, wofür ich sehr dankbar war, und die Waggons selbst waren recht komfortabel. Während wir dahinrasten, war ich sehr beeindruckt von der Anzahl deutscher Unteroffiziere, die ich sah, wie sie in Zusammenarbeit mit den türkischen Bauern das Land bearbeiteten und kultivierten, das zwischen Konstantinopel und Konia größtenteils fruchtbar ist. Man erklärte mir, dass mehr als 200 dieser Unteroffiziere in die Türkei geschickt worden waren, mit dem einzigen Zweck, den türkischen Bauern beizubringen, wie sie ihr Land kultivieren sollten. Dies ist wiederum typisch für deutsche Methoden, hat aber eine andere Bedeutung. Wenn Berlin nicht an die Ehrlichkeit der Türken glauben und nicht davon überzeugt wäre, dass Deutschland der inoffizielle Herr der Türkei bleiben wird, hätte man sich sicherlich nicht all diese Mühe gemacht, um die Menschen in Kleinasien in der Kunst der Landwirtschaft zu unterweisen. Die Deutschen haben nichts Philanthropisches an sich.

Auf der gesamten Strecke bis nach Konia sah ich diese deutschen Unteroffiziere, und jedes Mal, wenn der Zug anhielt, stürmten einige von ihnen zu den Waggons und fragten nach deutschen Zeitungen, weil sie glaubten, dass alle Passagiere aus dem Vaterland kämen, was bei einigen von ihnen tatsächlich der Fall war.

Meine Mitreisenden waren typisch für die deutsche Invasion des Ostens. Unter ihnen waren zwei Kaufleute aus Hamburg, die persische Produkte zurückbringen wollten. Sie sprachen insbesondere über Kupfer. Im Hotel in Konia musste ich mit einem von ihnen im selben Zimmer schlafen, und ich hatte schreckliche Angst, im Schlaf zu reden, und als mich morgens ein Türke wecken kam, rief ich versehentlich: „Herein.“ Der gute Hamburger lag flach auf dem Rücken und schlief laut, und ich dankte dem Glück, das mich zu beschützen schien, weil es mir einen so guten Schläfer als Gefährten geschickt hatte . Dieser Hamburger prägte mir unmissverständlich die Bedeutung der Seemacht ein. Die Briten sind in Berlin zwar nicht gerade beliebt, wie allgemein bekannt ist; aber die Gefühle der Berliner sind im Vergleich zu denen der Einwohner des verlassenen Hamburger Hafens milde und sanft.

Ich habe in den englischen Zeitungen gelesen, dass trotz der britischen Flotte Vorräte nach Deutschland gelangen, und es gibt in Deutschland viele Beweise dafür. Andererseits müssen diese Vorräte jedoch den Bedarf von rund siebzig Millionen Menschen decken. Auch den Österreichern wird ab und zu etwas zugeteilt , als wolle man sie ruhigstellen, aber es ist sehr wenig, und ich nehme an, dass sogar die türkischen Beamten einen kleinen Prozentsatz für denselben Zweck erhalten. Der Rest geht an die deutsche Armee, denn dieser darf es nie an etwas mangeln. Es ist offensichtlich, dass es am klügsten ist, ein deutscher Soldat zu sein, wenn man schon Deutscher sein muss.

Ich habe gelesen, dass von Mackensen wird das Kommando über die türkisch-deutschen Streitkräfte in Aleppo übernehmen, von wo aus die Expedition zum Suezkanal starten wird. Gegenwärtig hat Djamil Pascha, der frühere türkische Marineminister , das Kommando. Reisende , die aus Aleppo gekommen waren, erzählten mir, dass die vereinigten deutschen und türkischen Streitkräfte dort 80.000 Mann zählten, aber ich bin nicht in der Lage, für die Genauigkeit dieser Zahlen zu garantieren. Was ich weiß, ist, dass überall eine Atmosphäre allgemeiner Aktivität und Vorbereitung herrscht. Überall trifft man auf lange Züge voll mit neuem Eisenbahn- und Telegrafenmaterial, Schienen, kleine Brücken und zahlreiche Lokomotiven. Der schwerfällige, hartnäckige Preuße stachelt seine türkischen Sklaven zu Aktionen an, wie sie sie noch nie zuvor gekannt haben. Es ist unglaublich, dass die hochrangigen Türken es sich vorstellen können, dass sie jemals in der Lage sein werden, das deutsche Joch abzuschütteln. *Unterwegs* sieht man jede Menge leichte Eisenbahnwaggons, und man versicherte mir, dass diese für den Bau der Eisenbahnlinie bestimmt seien, die durch die Wüste führen und die türkisch-deutschen Armeen am Kanal direkt mit den Briten zusammenbringen soll .

Feldmarschall von der Goltz ist in Bagdad. Er ist einer der ältesten deutschen Generäle mit einem der jüngsten deutschen Stäbe. In Konstantinopel sagt man, der alte Mann sei nur eine Galionsfigur, aber er sei bei den jungen Männern um ihn herum äußerst beliebt.

In Konia hielt ich es aus mir unerklärlichen Gründen für ratsam, kein weiteres Risiko einzugehen, und kehrte daher nach Konstantinopel zurück. Das war ein großes Glück für mich, denn sonst hätte ich vielleicht das Bankett in Nisch verpasst und mir den Namen „Der Mann, der mit dem Kaiser speiste " nicht verdient.

KAPITEL VII

KONSTANTINOPEL VON INNEN

Eine Stadt der Verstümmelten und Verwundeten – Ich sehe
den Sultan – Envers Popularität – Talaat Bey, der wahre
Verwalter – Der Gallipoli-Tag – Die „ Mafficks " von
Konstantinopel – Die Rückkehr der Zehntausend – Wie die
Goeben und *die Breslau* entkamen – Ihre schicksalhafte
Ankunft in Konstantinopel – Deutsche Privilegien – Die
Lügen der türkischen Presse – Die Situation in Ägypten –
Ein deutsches Kamelkorps – Die Türken, ein gewaltiger
Faktor.

Konstantinopel erschien mir als eine Stadt voller Verstümmelter und
Verwunde. Eines Morgens schlenderte ich aus meinem Hotel, um eine
Kutsche nach Istanbul zu nehmen , eines jener merkwürdigen Gefährte, die
von zwei mageren, aber kräftigen Pferden gezogen werden und die man auf
den Straßen noch immer mieten kann. Fünfundzwanzig bis dreißig Kutschen
fuhren an mir vorbei, während ich vergeblich versuchte , einen der Kutscher
zum Anhalten zu bewegen. Sie schenkten meinen Gestikulationen nicht die
geringste Beachtung, sondern setzten hastig ihre Fahrt fort. Ich war neugierig
und erkundigte mich bei meiner Rückkehr ins Hotel beim Gepäckträger. Er
teilte mir mit, dass die Kutschen zum Bosporus fuhren , um Verwundete von
verschiedenen Schlachtfeldern aufzunehmen. „Nach allem, was Sie mir
erzählt haben", bemerkte ich, „werde ich Angst haben, in Konstantinopel
eine Kutsche zu benutzen." Doch der Gepäckträger schüttelte den Kopf und
antwortete leidenschaftslos: „Haben Sie keine Angst. Auf Anordnung der
Deutschen muss jeder dieser Waggons nach Gebrauch desinfiziert werden."
„Der Osten ist der Osten und der Westen ist der Westen", dachte ich, als ich
das Hotel betrat. Es wäre interessant, die offene Meinung des hochrangigen
Türken zur „Gründlichkeit" seiner deutschen Verbündeten zu erfahren.

Ich entdeckte sehr bald, dass jedes große Gebäude der Stadt in ein
Krankenhaus umgewandelt worden war, eines der größten war das Lyzeum.
Alle schönen Häuser der reichen Engländer und Franzosen, die den
Bosporus überblicken , wurden für den Roten Halbmond beschlagnahmt,
und die Bewohner waren aufgrund der türkischen Kriegsvorschriften
gezwungen, in Hotels zu wohnen.

Der Sultan ist bekanntlich nur eine Galionsfigur . Eines Freitags sah ich ihn
von seinem Palast zu einer etwas entfernten Moschee gehen – er hat den
längeren Weg zur Hagia Sofia aus Angst vor einem Attentat aufgegeben –
und sein fettes, schweres Aussehen ließ mich vermuten, dass die Türken
wussten, was sie tun, wenn sie ihm alle Macht entzogen. Früher konnte ein

Sultan nicht auf der Straße erscheinen, ohne dass dies Anlass für eine große Demonstration war. Das war gestern; jetzt galt die Begeisterung des Volkes Enver Pascha, wenn er den Befehlshaber der Gläubigen begleitete. Der Potentat selbst konnte überzeugt sein , dass die Beifallsbekundungen seiner heiligen Person galten, aber alle anderen wussten es besser. Man sagte mir, dass der Sultan alles Talaat überlässt. Bey und Enver Pascha. Für mich sah der Sultan aus wie eine nicht idealisierte Kopie eines von Rembrandts Rabbis.

Enver mag behaupten, die Macht hinter dem Thron zu sein, aber der wahre Herrscher der Türkei ist dieser kluge Staatsmann Talaat Bey , der zwar ein großer Germanenfreund war, glaubte dennoch an den endgültigen Sieg der Entente-Mächte. Diese Überzeugung Talaats könnte einige der auf dem Balkan kursierenden Gerüchte erklären , wonach er einem Separatfrieden nicht abgeneigt sei.

Ich war in Konstantinopel, als die Räumung von Gallipoli bekannt gegeben wurde . Die Stadt war bunt mit Fahnen, ein Pöbel lief schreiend die Straßen auf und ab. Überall hingen Plakate auf Türkisch und Deutsch. Zerlumpte Jungen trugen spezielle Zeitungsbulletins hin und her. Die Türken, die mit der Wahrheit nie allzu verschwenderisch umgehen, verkündeten die Räumung als großen Sieg ihrer Soldaten, der die Engländer ins Meer getrieben hatte . Obwohl ich keine anderen Nachrichten als die in der offiziellen Bekanntmachung enthaltenen hatte, war ich nicht im Geringsten beunruhigt, da ich den türkischen Charakter sehr gut kannte . Hätte es einen großen Sieg gegeben, hätte es Gefangene gegeben, und die Deutschen kennen die Vorteile einer geschickten Inszenierung zu gut, um diese nicht zur Erbauung der jubelnden Menge zu inszenieren.

Drei Tage später, als sich Konstantinopel einigermaßen von seinem Durcheinander erholt hatte , marschierten etwa 10.000 der erschöpftesten Soldaten, die ich je gesehen hatte, durch die Straßen, eine lange, zerzauste Reihe, die meisten stolperten dahin, als könnten sie vor Erschöpfung kaum stehen. Die Leute wussten nicht, woher sie kamen. Hätten sie gewusst, dass diese armen Kerle zu den tapferen Verteidigern von Gallipoli gehörten, hätten sie ihnen vielleicht eifrigeren Applaus zuteil werden lassen. Tatsächlich sah ich jedoch wenig oder gar keine Begeisterung, obwohl hier und da Leute herausliefen, um den Männern Zigaretten zu geben.

Der Anblick dieser völlig erschöpften Soldaten begleitete mich den ganzen Tag. Einige von ihnen waren so erschöpft, dass sie nicht weiter konnten und von ihren kräftigeren Kameraden hochgehoben und halb getragen, halb geschleift werden mussten. Sie trugen weder Gewehre noch Rucksäcke, diese folgten auf Karren hinterher. Es war interessant zu beobachten, in welchem Ausmaß die deutschen Offiziere der türkischen Streitkräfte getragen wurden . Auf jeden türkischen Offizier, der in dieser braunen und elenden Prozession vorbeikam, die so wenig nach Sieg roch, kamen zwei deutsche Offiziere. Die Türken haben vielleicht Anspruch auf all die Genugtuung, die ihnen die britische Evakuierung von Gallipoli verschafft hat, aber ich bin sicher, wenn die Anzac-Helden zum Beispiel an dem Morgen bei mir gewesen wären, als ich die lange, kriegszermürbte Linie beobachtete, hätten sie sich mit dem Wissen getröstet, dass die Härten und Entbehrungen des Feindes genauso schlimm, wenn nicht sogar schlimmer gewesen waren, so groß die Strapazen und Entbehrungen sie selbst auch erlitten hatten. Es war offensichtlich, dass einige Zeit vergehen würde, bis diese Männer ausreichend ausgeruht wären, um wieder für den aktiven Dienst fit zu sein , und dies trotz der Tatsache, dass der türkische Soldat für seine bemerkenswerte Regenerationsfähigkeit berühmt ist.

Ich habe in den Zeitungen (13. Februar 1916) gelesen, dass große türkische Truppenverstärkungen nach Mesopotamien geschickt werden . Das scheint meine Ansicht zu bestätigen, dass mehrere Wochen Ruhe nötig sein würden, bevor die Männer, die auf Gallipoli so gut gekämpft haben, wieder für den aktiven Dienst bereit wären. Selbst diese Männer müssen ausgesucht werden , denn es ist ein langer und mühsamer Marsch von Aleppo nach Bagdad über Straßen, die das Wort „elend" überhaupt nicht beschreibt.

In Stenia im Bosporus sah ich beide dieser mysteriösen Schiffe, die *Goeben* und die *Breslau* , vor Anker liegen; wahrscheinlich hat es auf der ganzen Welt nie zwei Schiffe gegeben, über die so viel Unwahres geschrieben wurde. Die *Goeben* war in einem schlechten Zustand und wurde nur mit den primitivsten Mitteln über Wasser gehalten, indem Granattreffer mit Zement ausgefüllt wurden . Es ist offensichtlich, dass die Behörden, seien sie nun türkischer oder deutscher Art, nicht davon ausgehen, dass sie ihnen weiterhin viel helfen kann, denn mehrere ihrer großen Kanonen wurden für den Einsatz an Land entfernt. Die *Breslau* hingegen ist in gutem Zustand, und als ich sie vor Anker liegen sah , sah sie blitzsauber aus , da sie vor kurzem einen neuen Anstrich in grau erhalten hatte. Sie ist ein gut gebautes Schiff und scheint in der Lage zu sein, eine sehr gute Figur zu machen.

Es gibt unzählige Geschichten darüber, wie die *Goeben* und *die Breslau* den alliierten Flotten entkamen. Ein türkischer Abgeordneter gab mir einen Bericht, den ich, soviel ich weiß, hier wiedergebe. Ihm zufolge scheinen die beiden Schiffe in Messina Zuflucht gesucht zu haben, und außerhalb der Drei-Meilen-Zone warteten 24 alliierte Kriegsschiffe wie Hunde, die bereit sind, sich auf ihre Beute zu stürzen. Die Aussicht auf Flucht schien aussichtslos, so aussichtslos, dass der Kommandant der *Breslau* vorschlug, seine Zeitzuteilung in einem neutralen Hafen zu überschreiten, damit sein Schiff interniert werden könnte . Der Kommandant der *Goeben* war jedoch entschlossen, einen Fluchtversuch zu unternehmen, und da sein weniger mutiger Kamerad der ranghöchste Offizier war, hatte er keine andere Wahl, als nachzugeben. Sie warteten bis zur Nacht und fuhren dann ab, wobei sie sich so nah wie möglich an der Küste hielten, und wurden nie eingeholt. Der türkische Abgeordnete versicherte mir, dass ihre Ankunft in den Dardanellen die Türkei letztlich dazu bewog, sich den Mittelmächten anzuschließen. Die Türken glaubten, dass sie mit der Erweiterung ihrer Marine um diese beiden prächtigen Schiffe der russischen Flotte im Schwarzen Meer mehr als ebenbürtig sein würden.

Eines Tages machte ich eine merkwürdige Entdeckung, die nicht ohne Bedeutung war. Beim Überqueren der Galatabrücke wird eine Maut von einem Penny verlangt , die alle Gläubigen und auch die Ungläubigen zahlen müssen. Eine Ausnahme wurde jedoch für die Deutschen gemacht, die aus folgendem sehr interessanten Grund von der Maut befreit sind. Als die Brücke vor einiger Zeit durch den Torpedo eines britischen U-Bootes beschädigt wurde , wussten die Türken nicht, wie sie sie reparieren sollten, da sie selbst keine Ingenieure hatten, die solche Arbeiten durchführen konnten. In ihrer Verlegenheit wandten sie sich wie üblich an ihre deutschen Freunde, die sich bereit erklärten, die Arbeit zu übernehmen, und der Schaden wurde entsprechend behoben. Als jedoch die Rechnung aus Berlin vorgelegt wurde , rangen die Türken die Hände und beklagten sich mit Tränen in den Augen, dass sie zwar die besten Absichten der Welt hätten, aber kein Geld hätten.

Das Ergebnis war, dass die Deutschen die Rechnung offen lassen mussten, aber als Anerkennung für ihre Mühe und die Kosten, die sie auf sich genommen hatten, machten sie es zur Bedingung, dass allen deutschen Untertanen die Überquerung der Brücke kostenlos gestattet werden sollte . Dies konnte ich durch einen sehr einfachen Test beweisen, denn als ich mich den Mautwächtern vorstellte und Deutsch sprach, wurde mir sofort die Durchfahrt gestattet, ohne dass ich den üblichen Penny verlangte. Es amüsierte mich, dass die echten Einwohner von Konstantinopel für das Privileg zahlen mussten, das denen, die ihre Macht usurpiert hatten, kostenlos gewährt wurde .

Die Haltung der Türken zur Wahrheit ist zu bekannt, als dass sie eines Kommentars bedürfen würde, aber die Lügenhaftigkeit, von der ihre Presse inspiriert zu sein scheint, ist des Wortes Inspiration würdig. Alles zu glauben, was man in einer türkischen Zeitung liest, setzt eine Einfachheit und Leichtgläubigkeit voraus, die , obwohl sie an sich schon bezaubernd genug sind, ihrem Besitzer im Kampf ums Dasein kaum helfen. So wurde beispielsweise in Has Keiul am Goldenen Horn eine große Pulverfabrik durch eine gewaltige Explosion zerstört; die türkischen Zeitungen schilderten auf bezaubernde Weise, wie drei Menschen getötet und sechs verwundet worden waren und dass außer der Fabrik nur zwei Häuser zerstört worden waren. Ich beschloss, diese Aussage zu überprüfen, und als ich das jüdische Viertel besuchte, stellte ich fest, dass das ganze Viertel in Trümmern lag. Mindestens zweitausend Menschen waren getötet worden, und obwohl mein Besuch erst vierzehn Tage nach der Explosion stattfand, gruben Suchtrupps immer noch Leichen aus den Ruinen. Dem Türken selbst mangelt es nicht ganz an Gründlichkeit.

Gerade als ich mich darauf vorbereitete, Konstantinopel zu verlassen, kamen Gerüchte über die große russische Offensive im Kaukasus durch. Fast das Letzte, was ich sah, waren fünf Bataillone Türken, hervorragend ausgerüstet und mit Gewehren des Typs 1916 ausgestattet, die zur Kaukasusfront aufbrachen.

Ich wünschte, ich könnte die britische Öffentlichkeit vom Ernst der ägyptischen Lage überzeugen. Was mich bei meiner Rückkehr in dieses Land am meisten überraschte, war die Ungläubigkeit der Öffentlichkeit gegenüber der deutschen Bedrohung Ägyptens und Indiens. Ich bin neutral und habe keine eigene Meinung, aber ich habe großen Respekt und Zuneigung für ein Land, in dem ich nur Freundlichkeit erfahren habe, und ich betrachte diese gefährliche und apathische Geisteshaltung mit Sorge. Alles, was ich in Konstantinopel und in Kleinasien gesehen habe, überzeugt mich davon, dass die Türken es mit ihren geplanten Invasionen ernst meinen, und da die ganze Angelegenheit unter deutscher Leitung stehen wird, wird sie nach deutscher Art gründlich durchgeführt. Ich glaube, ich habe etwas erreicht, wenn ich mit meinen Worten die Illusionen zu diesem Thema zerstreuen kann, die überall vorzuherrschen scheinen.

Nichts soll dem Zufall überlassen werden , und die Deutschen haben als Vorsorgemaßnahme für die Ägyptische Expedition 4.000 deutsche Soldaten im Kamelreiten ausgebildet. Die Ausbildung findet in Hagenbecks Menagerie in Hamburg statt. Alle, die Ägypten kennen, wissen, wie wertvoll eine Truppe von 4.000 Kamelen ist. Aleppo soll der Ausgangspunkt sein, und ein Blick auf die Karte Syriens wird seine Bedeutung zeigen. Ich wäre sehr überrascht, wenn man in den nächsten Monaten nichts von Djemal Pascha hören würde , der dort das Kommando hat. Als ich in Konstantinopel war, war der Name des furchtlosen von Mackensen wurde im Zusammenhang mit der Leitung dieser Expedition ausführlich erwähnt , aber höchstwahrscheinlich wird sich für ihn eine andere Arbeit finden.

Die Türken sind in dieser Situation noch immer ein sehr gewaltiger Faktor, mit ihnen muss ernsthaft gerechnet werden . Ihre Verluste mögen sehr groß sein und waren es zweifellos auch schon, aber es sind noch genügend Männer verfügbar. Tatsächlich werden alle wehrfähigen Männer einberufen . Das allein sollte Großbritannien eine Vorstellung von der Größe der Aufgabe geben, die vor den Alliierten liegt. Die Türkei mag im Vergleich zu den vereinten Ententemächten eines der schwächeren Mitglieder sein, aber sie ist dennoch sehr stark und wird unter der meisterhaften Beherrschung des deutschen Militärgeistes stündlich stärker.

Die Sprachschwierigkeiten in der Türkei sind ziemlich amüsant. Deutschland hat sein Bestes getan, um seinen unglücklichen Verbündeten seine eigene Sprache aufzuzwingen, aber mit sehr geringem Erfolg. Es war für mich eine ständige Quelle der Belustigung, wenn deutsche Offiziere ihr Abendessen auf Französisch bestellten. Überall in Konstantinopel wird Französisch gesprochen ; sogar die Straßenbahnfahrkarten sind auf Französisch und Türkisch gedruckt. Kellner, Ladenbesitzer, Offiziere, manchmal sogar der Mann auf der Straße sprechen Französisch sowie seine eigene Sprache. Häufig eilte ich deutschen Soldaten und Matrosen in Geschäften zu Hilfe, die sich nicht verständlich machen konnten.

Die Meinung der Deutschen über die Türken wird durch die folgende kleine Episode sehr gut veranschaulicht . Eines Tages unterhielt ich mich mit zwei Matrosen des berühmten Kreuzers *Emden* . Einer von ihnen gab mir als Andenken das Band von seiner Mütze mit der *Emder*- Schriftrolle darauf. Er teilte mir mit, dass er es ursprünglich seiner Mutter schenken wollte, nun aber überzeugt sei, dass er nie lebend ins Vaterland zurückkehren werde, weshalb ich es als Kompliment für das Bier und die Zigarren auffasste, die ich ihm gegeben hatte. Dieser Matrose war so mitteilsam, dass er sagte: „Wir haben fast alle unsere Kolonien verloren, und ich bin sicher, dass wir auch die letzte verlieren werden, aber wir werden die Türkei zu unserer neuesten und besten Kolonie machen.“ Ähnliche Bemerkungen hörte ich von anderen Deutschen.

KAPITEL VIII

DER „UNTERSEE"

Meine Kieler Bekanntschaft – U-Boote per Bahn –
Deutsche U-Boote vor Konstantinopel – Meine
Entdeckungsreise – Die Heldentat von U51 – Kapitän von
Hersing – Deutsche Heldenverehrung – Eine waghalsige
Leistung – Ein bescheidener Deutscher! – Von Hersing in
England – Der deutsche Marineoffizier – Seine Meinung
über die britische Marine – Ein bedauerlicher Vorfall – Dr.
Ledera im Gefängnis – Ich treffe einen österreichischen
Spion – Er vertraut mir seine Methoden an – Die
Nachlässigkeit britischer Konsuln.

Ein sehr wichtiger Grundsatz für einen Geheimdienstmitarbeiter einer
Zeitung sollte sein, in jeder Stadt, in der er Ermittlungen anstellt, immer im
besten Hotel zu übernachten. Zum einen schwimmen große Fische in großen
Seen; zum anderen fallen die Besucher großer Hotels weniger auf und
geraten weniger in Verdacht als die Besucher kleinerer Hotels.

Im Pera Palace Hotel hatte ich viele interessante Gespräche mit deutschen
Offizieren, denen ich aus politischen Gründen meine Abneigung
unterdrücken musste. Sie beklagten sich bitterlich über den Mangel an
Unterhaltung, denn alle Theater und Kinos waren geschlossen und es gab
keinerlei Ablenkung für die Apostel des „Grusels". Ich hatte immer ein
offenes Ohr für sie und wir kamen sehr gut miteinander aus.

Der Offizier der Polnischen Legion in Wien , der mir vom schrecklichen
Schicksal des 28. Regiments erzählte, hatte mich einem deutschen
Vorarbeiter und U-Boot-Konstrukteur vorgestellt, der von der berühmten
Germania-Werft in Kiel kam. Er war ein typischer Deutscher, der gerne
prahlt, und dank einiger umsichtiger Behandlung, etwas Bier und jeder
Menge Schmeicheleien, von denen jeder Reisende in Deutschland eine
unbegrenzte Menge mitbringen muss, fand ich bald viel über das Geheimnis
der deutschen U-Boote im Marmarameer heraus. Von der kleinen Art gibt
es, glaube ich, nicht mehr als vier; sehr wahrscheinlich ist die Zahl seit meiner
Abreise aus der Türkei gestiegen, wie ich erklären werde.

Vor etwas mehr als einem Jahr diskutierten die englischen Zeitungen über
die Möglichkeit, dass die Deutschen U-Boote per Bahn transportieren
könnten. Während dieser Diskussion hatten die Deutschen das Problem
bereits gelöst und schlüssig bewiesen, dass U-Boote des kleineren Typs
problemlos an einem Ort in Teilen hergestellt und Hunderte von Meilen mit
der Bahn zu einem anderen transportiert werden können, wo sie mit Hilfe

von Experten zusammengebaut werden können. Wie mein neuer Bekannter mir mitteilte, hatte Deutschland dies bereits mit großem Erfolg getan.

Ich konnte die Richtigkeit der Aussage des Mannes bestätigen, als ich in Konstantinopel war, denn ich sah nicht weniger als vier deutsche U-Boote, die Nummern U4, U18 und U25. Die Nummer des vierten Bootes konnte ich nicht erkennen. Sie waren von einheitlicher Größe und auf den Kommandoturm von U18 war ein riesiges Eisernes Kreuz gemalt, was zeigte, dass es sich große Verdienste erworben hatte – zumindest in den Augen der Deutschen.

Ich mietete ein Ruderboot und entdeckte mit meinem Fes am Nachmittag des 15. Januar die U-Boot-Basis . Sie war geschickt hinter zwei großen deutschen Linienschiffen im Goldenen Horn versteckt, zwischen dem Marinearsenal und Has Keiul , dem kleinen Dorf, das durch die Pulverexplosion völlig zerstört worden war. Wenn mein Informant Recht hatte – und ich habe keinen Grund, an der Genauigkeit seiner Angaben zu zweifeln, denn wie so viele Deutsche erzählte er mir viel mehr, als er sollte – , war die Zahl der U-Boote inzwischen auf sechs erhöht worden; er selbst war an ihrer Zusammenstellung in Triest beteiligt gewesen. Tatsächlich las ich bald nach meiner Ankunft in England in verschiedenen neutralen und englischen Zeitungen, dass zwei weitere kleinere deutsche U-Boote aus einem österreichischen Hafen an der Adria in Konstantinopel eingetroffen waren.

Die deutschen U-Boot-Offiziere und Besatzungen, die man in Konstantinopel antrifft, sind überhaupt nicht von dem großspurigen preußischen Typ. Sie tragen die übliche deutsche Uniform, während ihre Kameraden von den unter türkischer Flagge fahrenden *Goeben* und *Breslau* den Fez tragen. Die sogenannten türkischen U-Boote existieren nur in der Fantasie gewisser Leute, deren Interesse es ist, über sie zu schreiben. In Wirklichkeit sind es deutsche U-Boote, die unter deutscher Marineflagge fahren. Ich habe auch Grund zu der Annahme, dass es sehr wenige türkische Flugzeuge oder Flugpersonal gibt. Eine amerikanische Zeitung meinte, dass es möglicherweise ein türkisches U-Boot war, das die *Persia versenkte* ; da es aber keine türkischen U-Boote gibt, kann unmöglich eines von ihnen dieses Verbrechen gegen die Zivilisation begangen haben .

Diese kleineren U-Boote dürfen nicht mit U51 verwechselt werden, das, wie die deutschen Zeitungen stolz beschrieben, die große Reise von Kiel nach Konstantinopel unternahm, entweder durch den Ärmelkanal oder durch die nördliche Passage um Schottland herum. Dies fand im Frühjahr 1915 statt.

Die U51 ist ein riesiges, dunkelgrau gestrichenes Schiff, dessen Aussehen sehr auf seinen finsteren Zweck schließen lässt. Auf dem Vorderteil ist ein großes Geschütz montiert. Die Größe des Schiffs überraschte mich, als ich es einige Tage nach seiner Ankunft in Konstantinopel bei meinem ersten Besuch sah, und ich glaube, es muss eines der größten Schiffe auf See sein. Leider durfte ich nicht an Bord gehen: Die Privilegien, die mir meine Papiere sichern konnten, waren begrenzt. Neben diesem Leviathan würden die U4 und ihre Schwestern wie Zwerge aussehen; aber sie sind bösartige kleine Schiffe, Hornissen mit scharfen und schmerzhaften Stacheln.

Nun, da Weddigen Kapitän von Hersing ist der Volksheld der deutschen U-Bootflotte, seit er getötet wurde . Er ist der Typ Mann, der auf englische Sportler eine starke Anziehungskraft ausübt. Er ist ein Mitglied des Max-Horton-Ordens und war es, der die *Triumph* und die *Majestic versenkte* .

In Deutschland werden Helden aus der geringsten Provokation und für sehr mittelmäßige Leistungen geschaffen; aber Kapitän von Hersing verdient seinen Ruhm auf jeden Fall. Er ist bescheiden, eine eher seltene Eigenschaft im heutigen Deutschland.

Die Geschichte seiner Heldentat, die er mir bei meinem ersten Besuch in Konstantinopel erzählte, wurde schon unzählige Male erzählt. So ruhig, wie es jeder Engländer getan hätte, beschrieb er mir diese wunderbare Reise; wie er zu einer genau festgelegten Zeit und an einem genau festgelegten Ort im Golf von Biskaya Benzin aufnahm; wie er am helllichten Tag auf der Wasseroberfläche an Gibraltar vorbeifuhr; die Qualen, die er erlitt, als sein Boot zwei Stunden lang in einem britischen U-Boot-Netz vor Lemnos gefangen war; wie er schließlich mit einem beschädigten Propeller entkam und Anfang Mai in Konstantinopel ankam.

Während der ganzen Aufzählung seiner Leistungen konnte ich in seinem Verhalten nur ein kurzes Aufblitzen seiner Augen erkennen, das der Selbstverherrlichung am nächsten kam, was nicht einmal Admiral Beatty selbst bestreiten würde. Er war nicht geneigt, über den Krieg zu sprechen, und ich erinnere mich, dass ich damals dachte, wie richtig diese Einstellung bei einem Offizier war und wie sehr sie sich von vielen seiner Kollegen im Landdienst unterschied, die über nichts anderes reden.

Er erzählte mir, dass er eine beträchtliche Zeit in England verbracht hatte und dass er die Engländer mochte. Die Schnelligkeit, mit der er bestritt, dass sein Boot die *Lusitania* versenkt hatte, ließ keinen Zweifel an seiner Meinung zu dieser kolossalen Schandtat aufkommen. Tatsächlich habe ich aus vielen Quellen gehört, dass die deutsche Marine diese schändliche Heldentat als Schandfleck auf ihrem Namen betrachtet. Ich habe viele Male mit ihm im Pera Club gesprochen, wo es verhältnismäßig wenige Deutsche und reichlich Essen gab, was wahrscheinlich die eine Tatsache die andere erklärt.

Wären alle Deutschen vom gleichen Typ wie die deutschen Marineoffiziere und -männer, hätte man das Wort „Hunne" wahrscheinlich nie verwendet ;

es würde jedenfalls nicht so gut passen. In ihren offeneren Momenten gestehen diese Marineoffiziere und -männer, dass sie die schreckliche Arbeit, die sie verrichten müssen, hassen; dass sie aber keine andere Wahl haben, als die Befehle aus Berlin auszuführen. Zweifellos gibt es unter ihnen auch Bestien, aber die deutschen Marineoffiziere, die ich kennengelernt habe, stehen ihren großspurigen Kollegen vom Landdienst in nichts nach . Die deutschen Seeleute haben keine Missverständnisse über die Macht und Effizienz der britischen Marine. Sie sind es nicht, die die Geschichte verbreiten, die britische Flotte verstecke sich in Häfen, während deutsche Schiffe stolz durch die Nordsee segeln. Sie sind es nicht, die klagend fragen: „Wird die britische Flotte nie herauskommen?" Sie sind praktische und größtenteils ehrliche Menschen, und sie wissen, dass Deutschland es selbst in der Hand hat, die britische Flotte auf jeden Fall herauszuholen .

Die Deutschen sind verärgert, weil die wertvollen Schiffe der britischen Marine nicht in der Nähe von Helgoland und Wilhelmshaven auf und ab paradieren und sich von deutschen U-Booten torpedieren lassen . Die deutsche Vorstellung von der Seekriegsführung ist manchmal kindisch, aber sie gehört dem Laien und nicht dem Experten. „Unsere Leute haben den Krieg zehn Jahre zu früh begonnen", war die Bemerkung, die ein deutscher Offizier mir gegenüber machte.

Es ist nicht schwer zu erkennen, dass zwischen der deutschen Armee und der deutschen Marine sehr wenig Liebe herrscht, was kaum verwunderlich ist . Ein sehr oberflächlicher Beobachter muss nur die Charaktere der beiden Männerklassen vergleichen, wie ich sie im Pera Palace Hotel gesehen habe; die einen stolzieren und stolzieren herum, murren über den Mangel an Unterhaltung, knurren über die *Liebesgabe* (Paket) aus Berlin mit ihrer Leberwurst *und* dergleichen, Zigarren und *Pastete de fois gras* , ist einen Tag zu spät; der andere ist ruhig, wohlerzogen, von Kindheit an große Härte und Gefahr gewöhnt, hat Selbstachtung und Respekt vor anderen – das, was die Deutschen einem englischen Gentleman am nächsten bringen können. Nicht viele Marineoffiziere stammen aus dem Hunnenland Preußen.

Es steht außer Frage, dass die Versenkung der *Lusitania* bei der deutschen Marine äußerst unpopulär ist, auch wenn das deutsche Volk darüber hysterisch vor Freude ausbrach und es noch immer als eine der größten deutschen Leistungen im Krieg betrachtet.

Die Anwesenheit deutscher U-Boote in Konstantinopel ist bei den Türken nicht gerade erfreulich . Jedes der vier U-Boote, die ich sah, hatte am Bug des Schiffes eine Kanone; zwar keine starke Waffe, aber durchaus ausreichend, um die Einwohner der Stadt in Angst und Schrecken zu versetzen , wenn sie sich nicht nach deutschen Vorstellungen verhielten.

In der Türkei ist den Deutschen gegenüber noch immer eine gewisse Feindseligkeit zu spüren, aber leider nur eine sehr geringe. Die Deutschen haben fast die volle Macht, aber trotzdem gehen sie kein Risiko ein. Sie sind sich eines unterschwelligen Misstrauens bewusst und geben den Türken nie zu viel Munition, damit sie diese nicht gegen sich selbst verwenden . Es ist bekannt, dass der Munitionsmangel in Gallipoli nicht ausschließlich auf die Unfähigkeit der Deutschen zurückzuführen war, sie dorthin zu bringen, sondern vielmehr auf die Tatsache, dass der Herr dem Diener nicht vertraute. Ein gut bewaffnetes Türkei wäre eine Gefahr, und ein schlecht bewaffnetes Türkei ist ein Schutz.

Ein kleiner Vorfall, der mir zu Ohren kam, zeigt, dass die Deutschen auch jetzt noch im Umgang mit den Türken Takt walten lassen müssen. Im Hotel Tokatlian in Pera fand täglich eine Versammlung aller deutschen und österreichischen Zeitungsvertreter der Stadt statt. Eines Tages hörte ich, wie sie über das Schicksal eines von ihnen, Dr. Ledera vom *Berliner Tageblatt* , *diskutierten* . Ich schloss daraus, dass er die Türken beleidigt hatte, als er schilderte, wie sie aufgrund des Zustands der *Goeben* und ihres eigenen Mangels an schweren Kanonen zwei der größten von dem Schiff abmontiert und zum Einsatz gegen die Engländer bei Gallipoli gebracht hatten. Diese Information, die ich schon im vergangenen Juni in dieses Land brachte, wurde in einer so wichtigen Zeitung offiziell veröffentlicht und ließ die Russen und Briten wissen, dass die *Goeben* praktisch außer Gefecht war. Die Türken waren äußerst empört und verhafteten Dr. Ledera umgehend . Er wurde in ein Internierungslager in einem entfernten Teil Anatoliens geschickt, wo die Bedingungen alles andere als luxuriös waren. Der deutsche Botschafter, der verstorbene Baron von Wangenheim , musste den größtmöglichen Druck ausüben, um die Freilassung seines indiskreten Landsmannes zu erreichen. Nach sechswöchiger Gefangenschaft wurde der irrende Korrespondent nach Konstantinopel zurückgebracht, über die Grenze eskortiert und angewiesen, nie wieder in die Türkei zurückzukehren. Trotzdem gerät der Türke mit jedem Tag hoffnungsloser unter das Joch seines deutschen Herrn.

Ich hatte immer meine eigene Meinung über das deutsche Spionagesystem in England. Einer Sache bin ich mir sicher: Es ist gründlich; aber wie ich bereits erwähnt habe, ist es nicht so perfekt, wie viele Leute in diesem Land glauben. Das Wichtigste für einen reisenden deutschen oder österreichischen Spion ist, sich auf faire oder unfaire Weise einen Pass aus einem neutralen Land zu besorgen. Nur mit diesem kann er hoffen, nach England einzureisen und sicher zurückzukehren. Ich begegnete einem dieser Spione, und das Gespräch, das ich mit ihm führte, ist von erheblichem Interesse, da es Licht auf die deutschen Methoden wirft. Er war Österreicher, und wir kamen während meiner Reise von Wien zur Schweizer Grenze ins Gespräch. Als wir uns der Grenze näherten , bemühte er sich offensichtlich, meine Ansichten und Sympathien herauszufinden. Ich ließ ihn zunächst seine eigenen aussprechen, die vehement prodeutsch waren. Trotzdem sagte er: „Ich war in den letzten sechs Monaten zweimal unter diesen *Schweinhunden* .“ (Die „ Schweinhunde “ waren übrigens die Engländer.)) „Glücklicherweise habe ich während meines siebenjährigen Aufenthalts dort kein Gras unter meinen Füßen wachsen lassen und ich bilde mir ein, dass ich Englisch wie ein Engländer sprechen kann. Können Sie Englisch?“, fragte er.

„Ein bisschen“, antwortete ich, um ihn aus der Reserve zu locken. Dann begann er, sich in dieser Sprache mit mir zu unterhalten, und er hatte zweifellos recht mit seiner Prahlerei, dass er perfekt Englisch sprechen könne. Außerdem sah er aus wie ein sehr vorzügliches und ansehnliches Exemplar der angelsächsischen Rasse, wie man es jeden Morgen während der Londoner Saison, natürlich vor dem Krieg, in Bond Street, Pall Mall oder Piccadilly sieht.

Um einen falschen Pass zu erhalten, muss sich der reisende Spion zunächst eine falsche Geburtsurkunde besorgen. Das ist natürlich eine Fälschung, aber wer weiß, wo er danach suchen muss, kann sie ohne große Schwierigkeiten und zu einem vernünftigen Preis bekommen . In den ersten Kriegstagen gab es in mehreren neutralen Ländern einen regelrechten Handel mit Pässen, wo man sie für 10 bis 12 Pfund kaufen konnte. Diese Zeiten sind nun vorbei , denn die englische Regierung ist sich der großen Gefahr bewusst geworden, die von diesem Handel ausgeht.

Mit einer Geburtsurkunde und einem Brief einer Handelsfirma, aus dem hervorgeht, dass der Inhaber oder die betreffende Person aus geschäftlichen Gründen nach England reisen möchte, ist die Beschaffung eines Reisepasses nicht so schwierig, wie es scheinen mag. Die Dokumente werden beim Passamt eines neutralen Landes vorgelegt und der erforderliche Reisepass beschafft. Der nächste Schritt besteht darin, ihn vom britischen Konsul *visieren zu lassen* , der nicht so oft Engländer ist, wie er sein sollte. Als englischer Staatsbürger ist er häufig zu alt, um wachsam zu sein und nach Spionen Ausschau zu halten. Sobald der Reisepass *visiert ist* , kommt der reisende Spion deutscher oder österreichischer Geburt oder mit deutschen oder österreichischen Interessen in Folkestone , Tilbury , Southampton oder einem anderen Hafen an, wo es an strenger Kontrolle nicht mangelt. In letzter Zeit wurden die Untersuchungen besonders streng durchgeführt, aber was nützt das, wenn die Pässe und die dazugehörigen Geschäftsbriefe auf einer gefälschten Geburtsurkunde basieren ?

In England angekommen, kommuniziert der reisende Spion mit dem dort ansässigen Spion, wobei er vorsichtig sein muss, damit dieser nicht beobachtet wird . Höchstwahrscheinlich treffen sie sich in einem großen Hotel oder an einem Bahnhof, schriftlich wird nichts verabredet . Wenn eine Verabredung vereinbart werden muss, geschieht dies telefonisch oder per Nachricht über eine dritte Partei.

In den ersten Kriegstagen neigten Spione dazu, nachlässig zu sein, da sie von der Begriffsstutzigkeit der englischen Beamten so überzeugt waren. Das Ergebnis war, dass einige von ihnen an einer kleinen exklusiven Gesellschaft teilnahmen, die sich im Morgengrauen im Tower von London versammelte. Die Briefzensur hat die schriftliche Kommunikation zweifellos in sehr großem Maße eingeschränkt .

Um Spionage zu verhindern, sollten die britischen Konsuln im Ausland äußerste Vorsicht walten lassen. Sie sollten niemals einen Pass prüfen, es sei denn, sie sind *von* der *Glaubwürdigkeit* des Inhabers absolut überzeugt . Wenn sie dies nicht tun, ist der Pass natürlich absolut wertlos. Falls erforderlich, sollte der britische Konsul die Unterstützung eines erfahrenen internationalen Detektivs aus England in Anspruch nehmen, der Fremdsprachen beherrscht und es gewohnt ist, Charaktere einzuschätzen und Informationen aufzuspüren. Es wäre für den Antragsteller schwierig, seinen Verdacht zu zerstreuen, was den meisten Konsuln sehr leicht fällt.

Die Aussage meines österreichischen Bekannten, er sei innerhalb von sechs Monaten zweimal in England gewesen (und ich habe keinen Grund, an seiner Aussage zu zweifeln), zeigt, dass das System, das Spione aus England fernhalten soll, auch heute noch ganz offensichtliche Mängel aufweist. Ich schildere meine Ansichten nicht mit der Absicht, den Behörden ihre Aufgabe zu erklären, sondern eher als Hinweis von jemandem, der selbst mit den Spionen in Kontakt gekommen ist, und in der Hoffnung, dass meine Worte hilfreich sein könnten. Man muss bedenken , dass die Behörden an den Einreisehäfen nur auf der Grundlage der tatsächlich vorgelegten Papiere urteilen können.

KAPITEL IX

„UNSER KAISER IST DA!"

Raus aus Konstantinopel – ich werde misstrauisch – ich
appelliere an Halil Bey – Eine düstere Wohnung – Ich
besuche die Polizeipräfektur – Ich steige in einen Militärzug
– Wunderbare Ingenieurskunst – Eine raffinierte Erfindung
– Der Kaiser in Nish – Ich sehe die beiden Monarchen –
Ein bemerkenswerter Glücksfall – Ich bin zum Bankett
eingeladen – Fokker- Flugzeuge .

Geheimdienstarbeit in von Deutschland regierten Ländern erfordert
Scharfsinn, Einfallsreichtum und ständige Wachsamkeit in Bezug auf Worte
und Taten sowie eine Menge „Verdammt seien die Konsequenzen." Im
deutschen Kriegsgebiet als jemand bekannt zu sein , der mit einer englischen
Zeitung in Verbindung steht, wäre natürlich fatal.

Kriegszeiten in ein feindliches Land einzudringen ist immer schwierig; aber
es wieder zu verlassen ist oft gefährlich. Ich begann zu befürchten, dass ich
in Konstantinopel beobachtet wurde . Das deutsche Überwachungssystem
ist einfach und effektiv. Wenn der Verdächtige von ausreichender Bedeutung
ist , werden drei oder vier Detektive abkommandiert, die seine Bewegungen
ständig verfolgen, aber immer einer nach dem anderen. Es ist daher
unwahrscheinlich, dass er seinen Beobachter erkennt , wie es der Fall wäre,
wenn nur ein Mann für diese Aufgabe abkommandiert wäre.

Intuitiv spürte ich, dass die wenigen sehr unschuldigen und harmlosen, für
mich aber sehr wichtigen Papiere, die ich bei mir hatte, in meinem
Hotelzimmer untersucht wurden. Vorsichtshalber ordnete ich sie neu und
merkte mir sorgfältig die Reihenfolge, in der sie lagen. Als ich am Abend das
nächste Mal ins Hotel zurückkehrte, bestätigte sich mein Verdacht – meine
Papiere waren offensichtlich gestört worden. Es konnte natürlich bloße
Neugier der griechischen Bediensteten gewesen sein, aber ich erinnerte mich
daran, dass diese Bediensteten Hand in Hand mit der Polizei oder den
Militärbehörden arbeiten. Daher beschloss ich, so schnell wie möglich
davonzukommen.

Damals wurde in den sehr verwässerten Zeitungen Konstantinopels
angekündigt, dass der Kaiser nach Belgrad reisen würde. Die Bewegungen
des deutschen Kaisers auf dem Kontinent sind für sein eigenes Volk und
seine Verbündeten ebenso ein Rätsel wie für die Untertanen der Entente-
Mächte. Auch in Konstantinopel gab es dieselben Gerüchte über seinen
schlechten Gesundheitszustand , die sich in ganz Europa verbreitet hatten.
Andererseits gab es die eindeutige Erklärung, dass er nach Osten reisen

würde . Der Wunsch, ihn wenn möglich persönlich zu sehen, und auch der Wunsch, Konstantinopel zu verlassen, veranlassten mich, Pläne zu schmieden, wie ich mein Ziel am schnellsten erreichen könnte .

Ich dachte an Halil Bey , der Außenminister, der mir so freundlich ein Gespräch mit Enver Pascha verschafft hatte. Zu meiner Überraschung sah mich der alte Mann sofort. Sein Empfangszimmer war ganz anders als das seines Kollegen Enver . Düster, trostlos, ohne elektrisches Licht oder auch nur eine Öllampe und nur von Kerzen beleuchtet, war es alles andere als die Art von Zimmer, das man von einem Außenminister erwarten würde. Es war jedoch ein weiterer Beweis für die gute Arbeit der Rumänen bei der Unterbindung der Kohleversorgung Konstantinopels.

Ich erklärte Halil , dass es mein größter Wunsch sei, mir die Ehre zu erweisen , wenn möglich den Allerhöchsten Kriegsherrn zu sehen, und dass ich Konstantinopel verlassen und nach Belgrad reisen wolle. Halil Bey war, wie jeder andere Türke, wegen der Evakuierung von Gallipoli in Hochstimmung, und nach ein wenig wohlüberlegter Schmeichelei hinsichtlich seiner enormen Kräfte gelang es mir, einen Brief an den Polizeipräfekten in Stambul zu erhalten , damit er mich sofort sehen konnte. Halil gab mir seine Karte, die unten wiedergegeben ist.

HALIL BEYS KARTE

Ich verlor keine Zeit, sicherte mir eine der wenigen öffentlichen Kutschen, die es in der Stadt gab , und bahnte mir hinter dem dünnsten Pferdegespann, das man sich vorstellen konnte, meinen Weg zur Polizeipräfektur. Es war, als würde ich in die Höhle des Löwen gehen, aber es musste sein . Wenn die

Polizei wirklich Verdacht gegen mich hegte, würde ich nicht lange im Unklaren bleiben.

Ich war ein wenig beunruhigt, als ich vom Präfekten hörte, dass man von Konstantinopel aus nur mit einem deutschen Militärzug nach Belgrad gelangen könne. Der erste Balkan-Express, der Konstantinopel mit Berlin und Wien verbinden sollte, sollte erst in ein oder zwei Tagen abfahren, und da ich nicht darauf warten wollte, beschloss ich, nach Belgrad weiterzufahren und dort den Balkan-Express zu nehmen. Das würde mir ein wenig Zeit geben, diese Stadt zu erkunden, die ich, wie gesagt, unbedingt sehen wollte. Ich erwähnte dem Präfekten gegenüber, dass Enver Pascha mir die Ehre eines Gesprächs erwiesen hatte und dass ich sicher war, dass Seine Exzellenz alles in seiner Macht Stehende tun würde, um mir die Reise zu erleichtern.

„Ich werde sehen, was sich machen lässt", sagte der Präfekt. „Bitte hinterlassen Sie mir Ihren Pass und kommen Sie morgen früh noch einmal vorbei."

Mit ziemlicher Beklommenheit kehrte ich am nächsten Morgen in die Präfektur zurück und fand zu meiner Freude in meinem Pass nicht nur eine Ausreisegenehmigung, sondern auch eine tatsächliche Erlaubnis, mit dem Militärzug nach Belgrad zu reisen. Das „ Visieat " (eine schriftliche Ausreisegenehmigung der Polizei), für deren Erhalt man normalerweise einige Tage benötigt, wurde mir gleichzeitig ausgehändigt, sodass ich gegenüber allen anderen Reisenden bevorzugt behandelt wurde . Ich hatte das Gefühl, die Sterne kämpften tatsächlich für mich. Um 11.30 Uhr kam ich am Bahnhof von Istanbul an und fand mich bald in einer seltsam zusammengewürfelten Gesellschaft wieder, die aus Männern des Deutschen Roten Kreuzes, deutschen Offizieren, Unteroffizieren und Soldaten bestand.

Während meiner Reise machte ich einige merkwürdige und interessante Entdeckungen, die alle die Gründlichkeit und Gerissenheit der Deutschen unterstreichen . Wahrscheinlich ist sich in England niemand der wunderbaren Arbeit bewusst , die die Deutschen bei der Reparatur der kaputten Eisenbahnbrücken in Serbien geleistet haben. Der schnelle und umfassende Wiederaufbau dieser Brücken, die von den Serben auf ihrem Rückzug zerstört wurden, ermöglichte es den Deutschen, Konstantinopel in etwas mehr als zwei Tagen zu erreichen. Diese Rekonstruktionen sind höchstwahrscheinlich die größten ingenieurtechnischen Meisterleistungen, die die Welt je gesehen hat. Gesprengte Tunnel wurden mit erstaunlicher Geschwindigkeit in ihren ursprünglichen Zustand zurückversetzt, und als ich mit hoher Geschwindigkeit über die Brücken fuhr, waren die Spuren des tragischen Rückzugs der Serben auf allen Seiten zu sehen. Neben den neuen Brücken lagen die von den Serben zerstörten. Neben der Strecke lagen die Überreste toter Pferde, kaputter Karren und der hundert und eins der Dinge, die den Rückzug einer von ihren Feinden verfolgten Armee kennzeichnen. Der stets vorsichtige Deutsche hatte die Felle von den Pferden entfernt, offensichtlich mit der Absicht, den Ledermangel auszugleichen.

Im Laufe meiner Reise wurde ich Zeuge eines weiteren Beispiels deutscher Voraussicht. Man sagte mir , im Falle einer Invasion Griechenlands durch die Bulgaren (die Griechen verabscheuen die Bulgaren ebenso wie die Preußen die Engländer) sollten die Invasoren deutsche Uniformen tragen, um die Griechen zu täuschen. Wie ich später herausfand, lagen riesige Mengen dieser Uniformen in Nisch. [1] Gibt es irgendetwas, gegen das der außergewöhnliche deutsche Verstand nicht vorgesorgt hat? Dies überzeugt mich jedoch nicht davon, dass die Deutschen Saloniki angreifen werden. Nach dem, was ich hörte, scheinen sie großen Respekt vor General Sarrail zu haben, den sie bereits in Verdun kennengelernt hatten, das sie jedoch aufgrund seiner fähigen und tapferen Verteidigung dieser Festung nicht einnehmen konnten .

Die Anpassungsfähigkeit des Deutschen wird nirgends besser betont als in der Türkei und auf dem Balkan. Instinktiv weiß er, dass ein Deutscher in einer vertrauten Uniform wahrscheinlich nicht so abstoßend wirkt wie ein Deutscher in einer fremden Uniform; deshalb besteht seine Methode darin, sich zu verkleiden, indem er die Militäruniform des Landes annimmt, in dem er zum Dienst abkommandiert wird. Dies ist einer seiner wichtigsten Charakterzüge. Wie ich bereits sagte, sieht man beispielsweise deutsche Flieger in der Türkei in türkischen Uniformen, und im türkischen Kriegsministerium findet man Dutzende deutscher Offiziere, die ebenfalls die vertraute Uniform der Moslems tragen.

Die Türken sind keineswegs optimistisch, was die Saloniki-Expedition angeht. Offen gesagt haben sie Angst davor und haben sich deshalb südlich von Adrianopel tief verschanzt. Sie befürchten, dass die alliierten Truppen Konstantinopel von Nordwesten her angreifen oder versuchen könnten, die Eisenbahn zu unterbrechen.

Es wurde behauptet , dass meine glückliche Begegnung mit dem Kaiser eine Frage des Glücks war. In gewisser Weise war es das auch; aber es lag vor allem an meinem anhaltenden Wunsch, Belgrad zu sehen. Ich hatte es auf meiner Hinreise nach Konstantinopel nicht geschafft, dorthin zu gelangen, aber ich war entschlossen, mich nicht entmutigen zu lassen . Ich hatte nicht vor, in Nisch zu bleiben, und erst als wir uns dem Bahnhof dieser Stadt näherten, schaute ein Mitreisender , ein deutscher Unteroffizier, aus dem Fenster und rief so laut und aufgeregt, dass alle Reisenden im Durchgangswagen es hören konnten: „ *Unser Kaiser ist hier* " (unser Kaiser ist hier). Ich sprang auf, schaute aus dem Fenster und sah die Flaggen und

Dekorationen und hatte das Gefühl, dass das Schicksal es tatsächlich gut mit mir gemeint hatte.

Der magische Name des Kaisers war zu viel für mich. Ich konnte mir nicht vorstellen, mir eine so großartige Gelegenheit entgehen zu lassen, den großen Kriegsherrn zu sehen, und beschloss daher, den Militärzug in der serbischen Stadt zu verlassen, die vor kurzem noch Hauptstadt gewesen war, jetzt aber in den Händen der Deutschen war. Nisch lag unter Schnee. Der Tag meiner Ankunft, der 18. Januar 1916, war strahlend klar, genau wie ein Tag, den man in Montreal oder St. Moritz findet. Ich hatte gehofft, zumindest einen flüchtigen Blick auf den Kaiser zu erhaschen, aber ich hatte weitaus mehr Glück und begegnete ihm an diesem für mich schicksalsträchtigen Tag mehrmals. Ich hätte keinen Augenblick damit gerechnet, bei diesem merkwürdigen und historischen königlichen Bankett dabei zu sein, bei dem die ruhmsüchtigen lateinischen und deutschen Reden gehalten wurden, die in die ganze Welt telegrafiert wurden.

Gerade als unser Zug in den Bahnhof einfuhr , hielt der Kaiser seinen Staatseinzug in die serbische Hauptstadt, die inzwischen das Hauptquartier der deutschen (und nicht, wie viele Leute meinen, der österreichischen) Armee auf dem Balkan ist. Es handelt sich um ein riesiges Arsenal, vollgestopft mit Kriegsmunition, insbesondere mit Granaten für große Geschütze und auch mit den Geschützen selbst. Die Stadt ist vollgestopft mit serbischen Militärgefangenen, die auf freiem Fuß sind und frei umherlaufen. Sie scheinen mit ihrem Schicksal vergleichsweise zufrieden zu sein.

Meine Gefühle, als ich die Anwesenheit des Kaisers feststellte, können nur Journalisten nachempfinden oder verstehen . Mit Hilfe eines deutschen Soldaten, den ich zu Hilfe rief, packte ich schnell meine Sachen zusammen . Dann beschloss ich, mich umzusehen und so nah wie möglich an den Kaiser heranzukommen. Tatsächlich war ich nicht weit von ihm entfernt. König Ferdinand hatte ihn erst wenige Minuten zuvor bei seiner Ankunft aus dem Westen empfangen, und das königliche Paar ging Arm in Arm und ohne viel Aufhebens auf der Plattform auf und ab. Ich bemerkte ein Taschentuch in der Hand des Kaisers, das er ständig an den Mund führte, aber die Entfernung war zu groß, als dass ich ihn husten hören konnte.

Kaiser gesehen hatte , und was für eine Veränderung diese acht Jahre mit sich gebracht hatten! Der Kaiser ist kein großer Mann, wie er auf Fotos dargestellt wird , und neben der großen, massigen Gestalt des habichtnasigen Ferdinand – der wie eine Ente watschelt – wirkte der Große Kriegsherr fast winzig. Der Kaiser trug einen langen grauen Mantel mit einem gräulichen Pelzkragen und einen Pickelhelm, der mit einem khakiartigen Stoff überzogen war. Der Platz, auf dem die Monarchen promenierten, wurde von deutschen Wachen bewacht . Die Leute, unter denen sich sehr viele österreichische und einige niederländische Krankenschwestern befanden, zeigten weder großes Interesse noch große Neugier. Das kam mir so seltsam vor, als würde der Kaiser, wenn er in irgendeiner anderen Stadt Europas auftauchen würde , eine Sensation verursachen . Mir fiel besonders auf, dass die bulgarischen Minister beim Anblick des Kaisers unterwürfig ihre Hüte abnahmen und sich ihm in einer Haltung großer Ehrerbietung und mit entblößtem Kopf näherten. Ihrem eigenen Monarchen gegenüber schienen sie nicht die gleiche Ehrerbietung zu zeigen. Später erfuhr ich, dass die Beziehungen zwischen Ferdinand und seinem Hof sehr informeller Natur sind.

Was mich am meisten am Kaiser beeindruckte, war sein offensichtlicher Ausdruck der Erschöpfung. Vielleicht lag es am Krieg, an den Auswirkungen seiner zweitägigen Reise oder an seiner schlechten Gesundheit . Ich kann es nicht sagen. Aber er sah aus wie ein müder und gebrochener Mann. Sein Haar war weiß, obwohl sein Schnurrbart immer noch verdächtig dunkel war, und sein Gesicht war eingefallen und faltig. Auch fehlte die frühere lebhafte Gestik, das schnelle, nervöse Herumwirbeln und das labile Benehmen des Mannes völlig. An all das erinnere ich mich deutlich aus meiner letzten Begegnung mit ihm im Jahr 1908.

Trotz seiner Strapazen war der Kaiser offensichtlich darauf bedacht, sich angenehm zu machen. Er betrachtete mit offensichtlichem Interesse die Medaillen der bulgarischen Soldaten, plauderte mit königlicher Freundlichkeit und lächelte nach rechts und links. Trotzdem war er ein sehr alter Mann, und wie ich bereits sagte, war er ständig im Einsatz für sein Taschentuch, ein großes rotes türkisches Ding, in dessen Ecke der weiße türkische Stern und Halbmond gestickt waren.

Als ich so dastand und das Königspaar beobachtete, traten zwei bulgarische Beamte in Zivilkleidung an mich heran, gefolgt von einer Handvoll Soldaten. Sie wollten wissen, warum ich nach Nisch gekommen war. Derjenige, der mich ansprach, sprach furchtbar Deutsch. Zuerst hielt er mich für einen Germanen , aber als ich ihm meine Nationalität erklärte, fragte er mich eifrig, ob ich Französisch könne, und schien sehr erfreut, als er feststellte, dass er sein Verhör in dieser Sprache fortsetzen konnte, die er viel besser beherrschte als Deutsch. Ich erzählte ihm vom Zweck meiner Reise, schmeichelte seinen patriotischen Gefühlen, indem ich der bulgarischen Armee und Nation als Ganzes Komplimente machte, und wurde eingeladen, ihn in einen der Räume des Bahnhofs zu begleiten, wo er mich dem Chef des bulgarischen Pressebüros, M. Romakoff , vorstellte . Ich schien auf die beiden bulgarischen Beamten einen guten Eindruck gemacht zu haben. Sie plapperten in ihrer Muttersprache mit M. Romakoff , aber ich konnte natürlich nicht verstehen, was sie sagten. Das Ergebnis des Gesprächs war, dass der Chef des Pressebüros mich ansprach und fragte, ob ich im Namen der neutralen Presse an dem königlichen Bankett teilnehmen wolle, das an diesem Abend stattfinden sollte. Es sollte einfach, aber historisch sein. Ich zitterte vor Aufregung und Freude, als ich daran dachte, welche Sensation mein Bericht über das Bankett machen würde, wenn er England erreichte. Wenn M. Romakoff meine Gedanken hätte lesen können, hätte ich nicht nur wegen des Banketts gezittert, sondern auch wegen meiner eigenen Hinrichtung; zum Glück war er kein Hellseher.

Der Direktor begleitete mich auf und ab und zeigte sich äußerst freundlich. Ich schloss daraus, dass ich einer von vier Journalisten im Saal war, und ich umarmte mich selbst bei dem Gedanken an die Überraschung der erlauchten Gesellschaft, als sie erkannten , dass sich in ihrer Mitte der Vertreter einer verhassten englischen Zeitung befand.

Die Zeit zwischen meiner Ankunft in Nish und der Stunde des Banketts verbrachte ich damit, mit zwei Mitgliedern des bulgarischen Pressebüros, die ausgezeichnet Französisch sprachen, durch die Stadt zu spazieren. Ich hatte keine Ahnung, welchen Eindruck sie von meiner Persönlichkeit gewannen. Ich muss ein geschickter Schauspieler sein, um meine Aufregung in eine halbwegs vernünftige Kohärenz zu hüllen.

Doch noch wenige Wochen zuvor war Nisch mit den Flaggen der Entente-Alliierten geschmückt gewesen, die dem armen, leidenden Serbien zu Hilfe kommen sollten; doch die Stadt schien sich bereits zu einem vergleichsweise zufriedenen Leben eingelebt zu haben. Soweit ich feststellen konnte, war an den Gebäuden nur wenig Schaden entstanden . Man versicherte mir , dass die Geschäfte in der gesamten Geschichte der Stadt noch nie so gut gelaufen waren. Die deutschen Soldaten gaben ihr Geld freigiebig aus, und fast alle größeren Häuser der Stadt waren in Krankenhäuser umgewandelt worden , deren Vorräte aus der Umgebung zusammengetragen wurden.

Als wir umherschlenderten , bemerkte ich die Abfahrt des Royal Train und die Ankunft eines Munitionszuges, darunter mehrere Lastwagen, die mit Fokker-Eindeckern beladen waren. Ich behaupte nicht, besondere Kenntnisse über Flugzeuge zu haben , aber diese neuen Fokker fielen mir auf, weil sie eine sehr große Flügelspannweite hatten. Für den Eisenbahntransport wurden die Flügel nach hinten befestigt und die Motoren sorgfältig abgedeckt. Ein Fokker-Eindecker ist so lang, dass er praktisch die gesamte Fläche von zwei großen Lastwagen einnimmt.

FUSSNOTE:

[1] Als ich am 15. Februar die Druckfahnen korrigiere , las ich aus den Aussagen des Athener Korrespondenten der *Morning Post* , dass vor einiger

Zeit drei der besten bulgarischen Divisionen an der Front in Doiran nach Sofia zurückgezogen wurden, wo sie als Deutsche verkleidet wurden und anschließend zu ihren Posten zurückkehrten.

KAPITEL X

DAS BANKETT IN NISH

Der Bankettsaal – Eine kleine Versammlung – Das Menü –
Der Kaiser und König Ferdinand – Von Falkenhayn – Eine
beeindruckende Figur – Die Gesundheit des Kaisers – Sein
mangelnder Appetit – Ständiges Husten – König
Ferdinands Triumph – Die bulgarischen Fürsten –
Deutscher Journalismus – Eine bombastische Rede – „Heil,
Cäsar !" – Die unausgesprochene Antwort des Kaisers –
Die Stunde des „Fuchses" – Das Ende einer historischen
Veranstaltung – Die Post wird geschlossen.

Das Bankett fand im Rathaus von Nisch statt. Der Bankettsaal war reich mit
den Flaggen und Farben der germanischen Mächte geschmückt, obwohl
Österreich in Nisch nicht besonders präsent ist, da es offenbar Belgrad zu
seinem Hauptquartier gemacht hat. Als ich den Saal betrat , stellte ich
überrascht fest, dass die Veranstaltung verhältnismäßig klein ausfiel. Es gab
nicht mehr als fünfzig Gedecke, und mehrere Plätze waren leer, die
tatsächliche Besucherzahl betrug etwa vierzig. Die etwa zwanzigköpfige
Band der Leibgarde hatte sich hinter Palmen versteckt und spielte ein
Musikprogramm , das hier wiedergegeben ist.

Musik-Programm
für die Königliche Mittagstafel
am 18. Januar 1916

1. Polonaise. . . . . Bubeck
2. Ruy Blas — Ouverture . . . . Mendelsohn
3. „Hussarenwalzer" . . . . Ziehrer
4. „Tannhäuser" Fantasie. . . . . Wagner
5. „Die Zauber-Quelle" . . . . Atanassow
6. „Zigeunerfest". . . . . Lehar
7. „Meistersinger" Potpourri . . . . . . Wagner
8. „Valse brillante" . . . . Chopin
9. „Der fliegende Holländer" . . . . . . Wagner
10. Balkanmarsch . . . . Skordew

MUSIKPROGRAMM BEIM NISH-BANKETT

Es gab drei Tische, die drei Seiten eines Quadrats bildeten; oder vielleicht wäre es genauer, von einem Parallelogramm zu sprechen. Sie waren einfach mit Rosen und Frühlingsblumen dekoriert , wobei Gelb die vorherrschende Farbe war . Das Bankett, dessen Schlichtheit das vorherrschende Merkmal war, wurde von bulgarischen Soldatendienern serviert . Die Menükarte ist hier wiedergegeben , und ich füge eine Übersetzung bei.

NISCH, DEN 18. JANUAR 1916.

KÖNIGLICHE MITTAGSTAFEL

Hühner-Kraftbrühe

Forellen vom Ochrida See

Lamms-Pilaw

Rehrücken nach Cumberland

Gansleberpastete

Varnaer Fenchel und Endiven

Bulgarisches Gefrorenes

Käsestangen

Nachtisch

MENÜ BEIM NISH-BANKETT

DAS KAISER-MENÜ.

BALKANGERICHTE.

[*Übersetzung.*]

NISH, 18. JANUAR 1916.

KÖNIGLICHES ABENDESSEN.

Das Wappen oben ist das bulgarische Königswappen von König Ferdinand. Es ist im Original in Schwarz, Rot und Gold geprägt . Eine der Ketten um das Wappen ist wahrscheinlich die des Goldenen Vlieses.

Die Gerichte sind wie folgt:

Hühnerbrühe.
Forelle aus dem Ochrid- See (westlich von Monastir).
Lammpilaff .
(Pilaw ist ein Balkan-Eintopf mit Reis.)
Wildbret à la Cumberland. (Der Herzog ist jetzt beim Feind.)
Gänseleberpastete . Fenchel
aus Varna (Bulgarien) und Endivie. (Fenchel ist ein Schilfgemüse, das in
Salaten verwendet oder mit Butter gekocht wird.)
Bulgarisches Eis. Käsestangen. Dessert.

Wie man es von den deutschen Militärbehörden erwarten konnte, waren ihre Vorkehrungen für die Presse hervorragend. Unsere Plätze waren in der Nähe der königlichen Gesellschaft und wir konnten die Reden problemlos hören.

Das Nish-Bankett war von der üblichen königlichen Steifheit geprägt. Wäre ich nicht so aufgeregt und nervös gewesen, hätte ich wahrscheinlich noch viel mehr Dinge bemerkt. Der Kaiser saß rechts von König Ferdinand und links von ihm General von Falkenhayn , der Chef des deutschen Generalstabs, während M. Radoslavoff , der bulgarische Ministerpräsident, rechts vom Kaiser saß . So sehr mich der Kaiser auch interessierte, so interessierte mich doch die Persönlichkeit von Falkenhayns , des Gehirns der großen deutschen Kriegsmaschinerie, kaum weniger. Obwohl er weit über fünfzig ist, sieht er aus, als hätte er die 50er-Marke noch nicht überschritten. Es dürfte schwierig sein, einen Mann mit feineren und schöneren Gesichtszügen zu finden. Außer vielleicht seiner Gründlichkeit ist nichts ausgesprochen Deutsches an ihm, und ich hatte den Eindruck, dass die Deutschen in ihm einen Kriegsleiter von bemerkenswerten Fähigkeiten haben. Er ist schlank und bewegungsfreudig, hat kurz geschnittenes graues Haar und scheint die Personifizierung von Kraft , Männlichkeit und Lebhaftigkeit zu sein. Er scheint die Belastungen des Krieges und seine enorme Verantwortung auf bemerkenswerte Weise zu tragen. Selten habe ich einen Mann getroffen, der mir für die vor ihm liegende Aufgabe so geeignet vorkam wie von Falkenhayn . Immer wenn ich zu ihm hinübersah, während er ganz ungezwungen mit dem Kaiser und Ferdinand plauderte, hatte ich den Eindruck, dass er ein Mann mit weitreichender Vision und großer Exekutivgewalt war.

Ich saß weniger als fünfzehn Meter von dem königlichen Paar entfernt und hatte jede Gelegenheit, jede Veränderung in ihrem Ausdruck oder jedes Lächeln, das über ihre Gesichter huschte, genau zu beobachten. Wenn ich jetzt auf die Szene zurückblicke, sehe ich den Kaiser nicht nur ständig husten, sondern auch so müde aussehen, dass ich mich erneut frage, was für ein großes Ziel ihn von einem Krankenbett in Berlin in eine kleine serbische

Stadt mit ihren schwachen Petroleumlampen geführt hat. Es muss etwas ungewöhnlich Wichtiges gewesen sein, das ihn dazu veranlasste, die Einladung des kleinen Zaren anzunehmen, für zwei Tage zu verreisen, um Gast bei einem Abendessen mit vierzig Gedecken zu sein. Was auch immer der Kaiser litt, er bemühte sich offensichtlich , so angenehm wie möglich zu sein.

Alles, woran ich mich im Zusammenhang mit dem Bankett erinnere, bestätigt meinen Eindruck, dass der Kriegsherr bewusst darauf aus war, nicht nur König Ferdinand, sondern auch die Mitglieder seines Gefolges zu beeindrucken, denn sonst hätte er die Haltung der Gleichheit, die der Coburger ihm gegenüber an den Tag legte, nie ertragen können. Der Kaiser duldet von Natur aus keine Bevormundung oder Herablassung selbst von Seiten seiner Gleichgestellten, und noch weniger würde er die eines Untergebenen ungerührt hinnehmen, wenn er nicht ein bewusstes Ziel verfolgte. Er sah erbärmlich aus, wie er da saß und hustete, als wäre seine Kehle mit einer giftigen, reizenden Substanz erstickt , und es muss ihn große Anstrengung gekostet haben, wiederholt zu lächeln, als Ferdinand sich herüberbeugte und ihm etwas ins Ohr flüsterte.

Ich ertappte mich dabei, darüber zu spekulieren, was in dem Kopf des Kaisers vorging, als er das gelbe Gesicht mit den listigen kleinen Augenschlitzen sah – Augen, die mich an einen typischen Geldverleiher erinnerten –, seines ruhmsüchtigen Nachbarn , der es auf ihn abgesehen hatte. So sehr er sich auch bemüht, Ferdinand von Bulgarien kann die Andeutung von Hinterlist, die in seinen Zügen steht , nie verbergen . Seine kleinen Augen scheinen die Fenster einer sehr dunklen Seele zu sein, und hinter diesem pfeffer- und salzbärtigen Gesicht mit der großen habichtartigen Nase arbeitet ein sehr listiger Verstand. Die Tatsache, dass der Kaiser beim Bankett praktisch nichts aß und trank , ließ mich die Geschichte glauben, dass er immer isst, bevor er an diesen Staatsfeiern teilnimmt. Natürlich könnte es auch daran gelegen haben, dass er Angst vor seiner Kehle hatte. Sicherlich hat ein Monarch einer bewundernswert zubereiteten Mahlzeit nie weniger gerecht werden können. Er trank nicht einmal Wein. Ferdinand hingegen aß alle Gerichte mit großem Appetit und nippte mit sichtlichem Genuss an seiner besonderen Sorte Weißwein. Von allen Gästen schien er am zufriedensten mit sich selbst zu sein, und als ich bemerkte, wie er die Speisekarte studierte, kam mir der Gedanke, dass seine Eitelkeit geschmeichelt war, als er oben sein eigenes königliches Symbol sah; es war sein Bankett, das Festmahl Ferdinands von Bulgarien, und der Allerhöchste war zwei lange Tage und Nächte angereist, um dabei zu sein.

Ich war froh, dass der bulgarische König gut gelaunt war , denn wenn er lächelt, ist die Grobheit seiner Gesichtszüge weniger offensichtlich. Der

Kontrast zwischen Kaiser und König war jedoch am deutlichsten, wenn sie aufstanden.

Neben dem großen, plump wirkenden Ferdinand wirkte der Kaiser beinahe unbedeutend, aber es war nicht seine Größe, die meine Aufmerksamkeit so fesselte. Während des ganzen Essens konnte ich meine Augen kaum von dem hageren Gesicht des Urhebers des Weltkriegs abwenden, der an diesem Januarnachmittag so wenig wie ein Kriegsherr aussah, als er dasaß und anscheinend sein Leben in das türkisch gewebte Taschentuch hustete, das er fest in seiner rechten Hand hielt. Sein Haar war furchtbar weiß und verdunkelte sich am Scheitel ein wenig, wo die Haarwurzeln sichtbar waren. Seine Wangen waren von vielen Falten durchzogen, und als ich mir das Bild des gesund aussehenden Kaisers vorstellte, den ich acht Jahre zuvor in Amsterdam gesehen hatte, konnte ich nicht anders, als über die Veränderung zu staunen, die diese acht Jahre in ihm bewirkt hatten. Das einzige, was sich an ihm nicht verändert hatte, war seine aufrechte Haltung. Er stand fest und aufrecht, genau wie man ihn bei Manövern oder beim Abmarschieren seiner preußischen Garde salutieren gesehen hatte. Seine Haltung war die eines Kaisers und bildete einen seltsamen Kontrast zu der schwerfälligen Unbeholfenheit seines monarchistischen Bruders.

Unter den anderen anwesenden Gästen befanden sich die beiden jungen bulgarischen Prinzen. Kronprinz Boris muss für seinen Vater eine schreckliche Enttäuschung gewesen sein. Er hat runde Schultern und ist dünn, und wäre er kein Prinz, hätte man ihn treffend als Flegel bezeichnen können. Ich glaube nicht, dass ich voreingenommen bin, wenn ich sage, dass er, wäre seine Kleidung nicht so gewesen, genauso gut ein Diener im Haushalt seines eigenen Vaters hätte sein können. Sein Gesichtsausdruck war völlig unintelligent, und er sah viel älter aus, als er war. Vielleicht sind die Schwächen seines Vaters, die er möglicherweise geerbt hat, für dieses abgekämpfte Aussehen verantwortlich. Er machte auf mich den Eindruck eines sehr Erschöpften. Er ist alles andere als gutaussehend, mit der großen Coburger Nase, aber glücklicherweise nicht so groß wie die seines Vaters. Prinz Cyril, der jüngere Bruder, sieht im Gegensatz zu Prinz Boris viel besser aus und scheint intelligenter zu sein, aber auf beide hat ihr Vater keinen Grund, übermäßig stolz zu sein. Die beiden jungen Prinzen saßen zwischen deutschen Offizieren und schienen, nachdem sie die Anerkennung des Kaisers erhalten hatten, in die Bedeutungslosigkeit zurückzufallen, zu der sie von Natur aus so hervorragend bestimmt waren.

Eine der vielleicht amüsantesten Dinge im Zusammenhang mit dem Bankett in Nisch war der Bericht einer deutschen Zeitung, wonach der Kaiser, der in fröhlicher und verspielter Stimmung war, Prinz Cyril hochhob, ihn in die Luft warf, ihn auf seinen königlichen Schoß setzte und ihn küsste. In der Begeisterung des Augenblicks muss der deutsche Journalist den verkümmerten Arm des Kaisers vergessen haben, der es ihm, wie verspielt er auch war, unmöglich gemacht hätte, ein eine Woche altes Baby „zu werfen". Außerdem ist Prinz Cyril, wie ich bereits erklärt habe, ein junger, erwachsener Mann und sieht viel zu rüpelhaft und uninteressant aus, um selbst den diplomatischen Kaiser zu küssen. So sehr dieser erlauchte Monarch auch den bulgarischen König besänftigen wollte, er hätte sicherlich davor zurückgeschreckt, Prinz Cyril zu küssen. Manchmal übertreiben es deutsche Journalisten.

Über die Reden, die politischen und bombastischen Charakter hatten, wurde einige Tage nach dem Bankett überall ausführlich berichtet. Sie wurden, wie in einigen Kreisen behauptet wurde , nicht auf Englisch gehalten. König Ferdinands großspurige Ansprache an den Kaiser wurde, mit Ausnahme der lateinischen Phrasen, ausschließlich auf Deutsch gehalten, übrigens auf ausgezeichnetem Deutsch. Der bulgarische Monarch sprach locker und ohne Notizen. Er schien keine Schwierigkeiten zu haben , Worte zu finden. Ich habe die Reden nicht notiert , ich gestehe, dass ich dafür viel zu aufgeregt war, außerdem wusste ich, dass sie durch die Agentur des Deutschen Pressebüros in der ganzen zivilisierten Welt verbreitet werden würden. Ich habe die Spalten der *Times zu Rate gezogen* , um mein Gedächtnis aufzufrischen.

Wir waren gerade mit Bismarck-Zigarren und Kaffee beschäftigt , als plötzlich das Stimmengewirr verstummte. Die Stunde der Reden war gekommen. Es herrschte gespannte Aufregung, als König Ferdinand aufstand. Er tat dies mit der Miene eines Mannes, der sich bewusst war, dass er den großen Moment seines Lebens erreicht hatte. Seine Stimme war überall im Raum deutlich zu hören , und seine Darbietung war äußerst gut. Er begann mit der Bemerkung, dass an diesem Tag vor zweihundertfünfzehn Jahren Friedrich der Erste zum König gekrönt und vor 45 Jahren das Neue Deutschland gegründet wurde. Heute konnte der Kaiser nach dem glorreichen Sieg, der seinen Waffen zuteil wurde, sicher die ehemalige römische Festung Nisch betreten. König Ferdinand dankte dem Kaiser für seinen Besuch in der alten Stadt, einen Besuch, der das Bündnis zwischen den beiden Ländern festigte.

„Die Welt", behauptete er, „hat gelernt, die Stärke Deutschlands und seiner Verbündeten mit Überraschung und Bewunderung zu schätzen und glaubt an die Unbesiegbarkeit der deutschen Armee unter der Führung und Leitung ihres Kaisers."

Der König äußerte die Hoffnung, dass das Jahr 1916 „dauerhaften Frieden bringen möge, die heiligen Früchte unserer Siege, einen Frieden, der es meinem Volk ermöglichen wird, auch in Zukunft am Werk der Kultur mitzuwirken . Sollte uns das Schicksal jedoch eine Fortsetzung des Krieges auferlegen, dann wird mein bewaffnetes Volk bereit sein, seine Pflicht bis zuletzt zu erfüllen."

Zu diesem Zeitpunkt war König Ferdinand offenbar der Meinung, dass die deutsche Sprache völlig ungeeignet sei, um seinen Gefühlen Ausdruck zu verleihen, und dass ihm nur die klassische Sprache genügen würde.

„Ave! Imperator, Cäsar und König", platzte er heraus, „Victor und Gloriosus es . Nissa Antiqua alle Orientis Bevölkerung te Grußwort erlösend , erlösend Unterdrückung gedeihen decke salutem . Es lebe Kaiser Wilhelm!"

[*Übersetzung.*]

„Heil! Kaiser, Cäsar und König. Du bist Sieger und ruhmreich. Im alten Nisch grüßen dich alle Völker des Ostens, den Erlöser, der den Unterdrückten Wohlstand und Rettung bringt."

Und das alles für einen Mann, der die Belastung des Anlasses sichtlich mit Mühe ertrug. Sogar während er den klangvollen Sätzen lauschte, die ihn als Cäsar und eine Reihe anderer Dinge verkündeten, hustete er in das Taschentuch mit den Sternen und dem Halbmond.

Die offizielle Antwort des Kaisers, die übrigens nie ausgesprochen , sondern auf Anordnung der Behörden verbreitet wurde, lautete wie folgt:

„Eure Majestät haben heute besonders auf die drei wichtigen Epochen eingegangen, die mit diesem Tag zusammenfallen. Sehr oft habe ich als junger Mann an der Seite meines Großvaters und später als Herrscher diesen denkwürdigen Tag, der immer die gleiche Bedeutung hatte, im Kreis der Ritter des Ordens gefeiert.

„Jetzt feiere ich es zum zweiten Mal, durch Gottes Willen, auf dem Feld, auf altem, historischem Boden, einem wunderschönen Stück Land, das durch die Tapferkeit der Bulgaren erobert wurde, vom König inmitten seiner tapferen Truppen und ihrer berühmten Anführer empfangen und von Eurer Majestät mit einem hohen Orden geehrt , vor allem aber mit der Ernennung zum Oberst des 12. Balkan-Infanterieregiments. Somit haben Eure Majestät mir eine Ehre erwiesen , die ich nicht besser hätte erwarten können.

„Sie haben mir heute einen lang gehegten Wunsch erfüllt, und Ihre Worte beweisen, dass wir diese Stunde mit denselben Gefühlen würdigen. Wir wurden von unseren Feinden herausgefordert, die Deutschland und Österreich-Ungarn um ihre friedliche und blühende Prosperität neidisch machten und in leichtfertigster Weise die Entwicklung der Kultur ganz Europas gefährdeten, um uns und unsere treuen Verbündeten an der Wurzel unserer Stärke zu treffen.

„Wir haben einen harten Kampf hinter uns, der sich bald noch weiter ausweiten wird.

„Als die Türkei von denselben Feinden bedroht wurde, schloss sie sich uns an und sicherte in hartnäckigem Kampf ihre Stellung in der Welt.

„Eure Majestät erkannte mit ihrer Klugheit , dass für Bulgarien, für Sie, die Stunde gekommen war, Ihre alten und guten Ansprüche geltend zu machen und Ihrem tapferen Land den Weg in eine glorreiche Zukunft zu ebnen. In wahrer Kameradschaft begann der glorreiche Triumphzug der bewaffneten Nation Eurer Majestät, die unter der Führung ihres berühmten Kriegsherrn der Geschichte Bulgariens ein erhabenes Blatt des Ruhms nach dem anderen hinzugefügt hat.

„Um meinen Gefühlen angesichts dieser Taten und den Gefühlen ganz Deutschlands sichtbaren Ausdruck zu verleihen, habe ich Eure Majestät gebeten, die Würde eines preußischen Feldmarschalls anzunehmen, und ich freue mich mit meiner Armee, dass Sie durch die Annahme dieser Würde auch in diesem Sinne einer von uns geworden sind.

„Mit Gottes gnädiger Hilfe wurden hier und an allen anderen Fronten Großes vollbracht.

„Ich empfinde Gefühle tiefster Dankbarkeit gegenüber dem Allmächtigen, dass es mir heute vergönnt ist, an diesem geschichtsträchtigen, abermals mit tapferem Blut geweihten Ort inmitten unserer siegreichen Truppen Eurer Majestät die Hände zu drücken und die Worte Eurer Majestät zu vernehmen, in denen der feste Entschluss zum Ausdruck kommt, für einen erfolgreichen und dauerhaften Frieden zu kämpfen und die im Sturm des Krieges besiegelte Treue und Freundschaft in wahrer gemeinsamer Arbeit für die hohe Aufgabe fortzusetzen, die uns die Sorge für das Wohl unserer Völker auferlegt.

„Mit festester Zuversicht verfolge auch ich dieses Ziel und erhebe mein Glas auf das Wohl Eurer Majestät und Ihres Hauses, auf den Sieg der glorreichen bulgarischen Armee und auf die Zukunft Bulgariens." [2]

Das Abendessen fand anlässlich des zweihundertfünfzehnten Jahrestages der Krönung Friedrichs des Ersten und der Gründung des Schwarzen Adlerordens durch ihn statt. Auf diese Tatsache bezieht sich der Kaiser im ersten Absatz seiner Antwort.

Tatsächlich war von Falkenhayn neben König Ferdinand der einzige Redner beim Bankett . Er stand auf, um kurz auf einige Komplimente zu antworten, die Ferdinand ihm gemacht hatte. Eines ist sicher: Der Kaiser hätte seine Rede nicht halten können, selbst wenn er gewollt hätte, da er den ganzen Abend unter ständigem Husten litt.

Zum Abschluss des Banketts, das ebenso hervorragend serviert wie gut gekocht wurde , wurden die deutsche und die bulgarische Nationalhymne gespielt, und die historische Veranstaltung, die durchweg von äußerster Einfachheit geprägt war, wurde durch eine Ungezwungenheit unterbrochen, die an sich schon charakteristisch war. Hier traten einige der großen Schauspieler des größten Dramas der Weltgeschichte auf, nicht zum Wohle der ehrenwerten Bürger der ebenso ehrenwerten kleinen serbischen Stadt Nish, sondern für das Volk der ganzen Welt . zivilisierte Welt. Mein letzter Eindruck von den beiden Hauptfiguren war der von Ferdinand, mit einem schlauen Glitzern in seinen kleinen Augenschlitzen, der die rechte Hand des Kaisers mit beiden Händen umklammerte. War es, um ein wichtiges Versprechen zu bekräftigen, oder war es nur Wärme des Gefühls von Seiten desjenigen, der den Namen „Der Fuchs" verdient hatte, frage ich mich!

Sobald ich das Rathaus verließ, eilte ich zusammen mit den anderen Journalisten zum Postamt, in der Hoffnung, meinen Bericht *über* das neutrale Land, dem ich angehöre, nach London bringen zu können. Doch ich hatte die Rechnung ohne die deutschen Pressezensoren gemacht, die ihre bulgarischen Brüder zweifellos dazu inspiriert hatten, das Telegrafenamt zu schließen, damit nichts Nish verlassen konnte, ohne vorher dem Büro vorgelegt worden zu sein. Aber ich hatte das Gefühl, dass meine Neuigkeiten warten müssten, und beschloss, den Balkan-Express nach Wien zu nehmen.

Seit meiner Rückkehr nach England habe ich viele Nachrichten mit den herzlichsten Glückwünschen zu meinem Bericht über das Bankett in Nish erhalten. Ich möchte mich nicht als Held darstellen, der nicht versteht, was Angst bedeutet. Nicht einmal dem Kaiser selbst war es unangenehmer als mir . Was ich gegessen habe, weiß ich nicht. Ich nehme an, ich habe gegessen. Mir war völlig bewusst, dass, wenn mich einer der zahlreichen Geheimdienstoffiziere des Kaisers oder eine andere Person, die mich zufällig bei einem meiner früheren Besuche in Deutschland oder im Nahen Osten gesehen hatte, erkannt hätte, es eine kurze und einfache Zeremonie an der Mauer des Rathauses gegeben hätte, bei der ein Erschießungskommando und ich die Protagonisten gewesen wären.

Bankettsaal verließ, fühlte ich mich wie Alexander bei dem Gedanken, dass es keine Länder mehr zu erobern gab. Durch eine wunderbare Verkettung von Umständen hatte ich erreicht, was ich mir nie hätte träumen lassen, und jetzt wollte ich nur noch nach England zurückkehren, um die ganze Geschichte zu erzählen. Ich begann, Angst vor Entdeckung zu haben; ein solcher Streich des Schicksals wäre ein Höchstmaß an Ironie. Mir blieb nur noch eines zu tun, und das war, so schnell wie möglich zurückzukehren, aber wie sich herausstellte, machte ich noch andere Erfahrungen. Ich sollte mit dem berühmten Balkan-Express, dem „Balkan-Zug", wie er den Deutschen bekannt ist und der Berlin und Wien mit Konstantinopel verbindet, nach Wien reisen.

FUSSNOTE:

[2] Der Autor dankt dem Herausgeber der *Times* , aus der die Reden zitiert werden , und der Agentur Reuters für die Erlaubnis, die Antwort des Kaisers zu zitieren.

KAPITEL XI

DER BALKAN EXPRESS

Existenz des Balkan-Zugs geleugnet – Ein großer strategischer Faktor – Der Werbezug – Deutsche Wirtschaft – Ich steige in Nisch in den Balkan-Zug ein – König Ferdinand als Mitreisender – Seine Herablassung – Ausgezeichnetes Essen – Zerstörtes Belgrad – Ankunft in Buda Pesth – Ein gewaltiger Applaus – Russische Gefangene bei der Arbeit – Ankunft in Wien – Ein weiterer gewaltiger Empfang – Bemerkenswerte Pünktlichkeit.

Le Temps gelesen, dass der Balkan-Express gar nicht existiere und ein Bluff der Deutschen sei. Ich kann wirklich nicht verstehen, wie ein verantwortungsbewusster Redakteur einer einflussreichen Zeitung eine solche Behauptung aufstellen kann, ohne sich vorher zu vergewissern, ob er die Wahrheit schreibt. Ist ihm klar , dass er die Menschen in die Irre führt, was der Sache der Alliierten ernsthaften Schaden zufügen wird ? Die Bedeutung der Existenz dieses Balkan-Express kann nicht übertrieben werden , und sein Nutzen sollte nicht unterschätzt werden.

Zunächst einmal *gibt es* den Balkan-Express , ich bin selbst damit gefahren. Er ist einer der am besten organisierten Eisenbahndienste , die ich je gesehen habe, und ich habe schon viele gesehen. Dieser Dienst ermöglicht es den Deutschen, alle möglichen *Güter* von und nach Berlin und Konstantinopel zu transportieren, und ist daher einer von mehreren wichtigen Faktoren im gegenwärtigen Krieg. Mit seiner Hilfe können deutsche Truppen innerhalb von 56 Stunden nach Konstantinopel gebracht und von dort an die Front verlegt werden, die sie am dringendsten benötigt.

Ich brauchte fünf Tage, um von Wien nach Konstantinopel zu reisen. Die Strecke war furchtbar und ich musste häufig umsteigen. Auf der Rückreise betrat ich mein Zugabteil in Nisch und verließ es nicht mehr, bis ich mein Ziel Wien erreichte, und das innerhalb von 40 Stunden.

Die Deutschen selbst sind keineswegs erpicht darauf, dass ihre Feinde den großen Wert des Balkan-Express für sie erkennen. Wenn man die Alliierten glauben machen kann, dass es ihn nicht gibt , werden sie infolgedessen hinsichtlich der deutschen Pläne im Nahen Osten beruhigt sein und so unbewusst eben diese Pläne unterstützen, da sie nicht in der Lage sind, sie zu durchkreuzen. Die Deutschen haben große Ambitionen, nicht nur im Nahen Osten, sondern auch im Fernen Osten, und ein Großteil ihrer Energie ist derzeit auf die Verwirklichung dieser Ambitionen in der Türkei, auf dem

Balkan und in Kleinasien konzentriert. „Nach Ägypten!" ist mehr als nur ein politischer Ruf.

Die Deutschen verfügen über die nötige Kraft, die nötigen Mittel und die grimmige Entschlossenheit, jene Ambitionen zu verwirklichen , die die Macht der verhassten Engländer an dem ihrer Ansicht nach verwundbarsten Punkt treffen werden: dem Suezkanal. Nichts würde ihnen mehr Freude bereiten, als durch eine falsche Darstellung der wahren Lage in den Ländern der Entente-Mächte ihre Feinde mit einer großen und dramatischen Überraschung überraschen zu können . Aus diesem Grund schreibe ich mit viel Gefühl über die Aussage, auf die ich mich oben beziehe. Der Balkan-Express wird aller Wahrscheinlichkeit nach zu einem der wichtigsten Faktoren in der Lage im Nahen Osten werden. Man muss bedenken , dass er mehr ist als nur ein Zug zur Beförderung von Passagieren. Er wird aller Wahrscheinlichkeit nach von großer strategischer Bedeutung sein. Ich habe in britischen und ausländischen Zeitungen gelesen, dass die Balkan-Konstantinopel-Eisenbahn nicht richtig funktioniert; der folgende Bericht wird, glaube ich, für viele Zweifler eine Offenbarung sein.

Der Balkan-Express ist der Showzug der Welt. Nie zuvor hat es einen Zug mit einer so schwerwiegenden Verantwortung gegeben. Man könnte ihn auch „den Werbezug" nennen, denn sein Ziel ist es derzeit, den deutschen Sieg und die deutsche Gründlichkeit zu verkünden. Später hat er eine härtere Aufgabe zu erfüllen. Er ist wahrscheinlich der schönste Zug Europas und wurde ohne Zweifel von den Deutschen mit dem Ziel entworfen , Tausende von Menschen verschiedener Nationalitäten zu beeindrucken, die ihn zweimal wöchentlich auf seinem Weg von Berlin nach Konstantinopel und zweimal wöchentlich von Konstantinopel nach Berlin bewundern. Die Bewunderung der Türken ist mit Besorgnis gedämpft, denn der Türke ist kein Narr und er sieht, dass die Effizienz, die es den Deutschen ermöglicht hat, die Türkei zu erreichen, genau das Hindernis sein könnte, das sie daran hindert, sie jemals zu verlassen.

Der Balkan-Zug, wie er in den Mittelmächten genannt wird , ist jedoch eine Quelle uneingeschränkter Freude für Deutsche, Österreicher, Ungarn, Bulgaren und alle anderen Menschen, die ihn auf seiner Reise sehen. Sein Name prangt in drei Fuß großen Buchstaben auf jedem Waggon. Lokomotive und Waggons sind mit Fahnen und Blumen geschmückt , und jeder Passagier trägt in seinem Knopfloch eine deutsche Fahne mit den Worten „Balkan-Zug" und dem Datum.

Ursprünglich hatte ich vorgehabt, in Konstantinopel in den Balkan-Express einzusteigen, aber da dieser erst in zwei oder drei Tagen abfahren würde, hatte ich meinen Platz reserviert und mir in Konstantinopel eine Fahrkarte besorgt, mit der Absicht, in Belgrad einzusteigen, aber die Umstände hatten anders entschieden. Beim Kauf meiner Fahrkarte wurde mir klar, wie ernst die Geldfrage in Konstantinopel war. Acht Monate zuvor, als ich dort war, wurde bei den Banken Gold gegen Schecks ausgegeben , was jedoch zu einem Mangel nicht nur an Gold, sondern auch an Silber geführt hatte, wie ich bereits erklärt habe, und für meine Fahrkarte, die eigentlich 870 Piaster (8 £) kostete, musste ich aufgrund des Wertverlusts des türkischen Pfunds umgerechnet etwa 12 £ bezahlen.

MEIN TICKET FÜR DEN ERSTEN BALKAN-EXPRESS VON KONSTANTINOPEL NACH BERLIN UND WIEN

Meine Fahrkarte für den Balkan-Express, deren Außenseite hier abgebildet ist, ist ein Beispiel deutscher Sparsamkeit und auch deutscher Fehlbarkeit. Sicherlich hätte sich eine Nation, die täglich Millionen ausgibt, um ihr Ziel zu erreichen, die paar hundert Mark leisten können, die für den Druck einer Sonderfahrkarte für den Balkan-Zug nötig sind. Die Fahrkarten sind die alten Schlafwagenfahrkarten in deutscher Sprache, über die die Worte „Balkan-

Express" in englischer Sprache gedruckt sind. Möglicherweise ist dies auf einen Fehler des Druckers zurückzuführen, der mit der Herstellung der neuen Fahrkarte betraut war, aber es wäre sicherlich eher im Einklang mit deutschen Methoden gewesen, wenn nicht nur eine aufwendige Fahrkarte, sondern ein Andenken an die Reise hergestellt worden wäre. Man muss bedenken , dass dies die erste Reise des Balkan-Express nach Westen war, das heißt von Konstantinopel nach Berlin, und folglich war sie historisch.

Nach dem Bankett schlenderte ich durch die Stadt, ging dann zum Bahnhof, sammelte meine Sachen zusammen und wartete. Der Balkan-Zug hatte Verspätung. Es war schon dunkel, als er in den Bahnhof von Nish einfuhr, ein eindrucksvolles Gebilde, bestehend aus vier Schlafwagen, einem Speisewagen und je einem normalen Wagen erster und zweiter Klasse. Als er in den Bahnhof einfuhr, wurden die deutschen, bulgarischen und österreichischen Nationalhymnen gespielt , und König Ferdinand und seine beiden unscheinbaren Söhne betraten den Bahnhof vor den übrigen Passagieren. Dies war auch für die Passagiere aus Konstantinopel ein interessantes Ereignis, die sich interessiert aus den Fenstern lehnten.

Der Kaiser war gleich nach dem Bankett verschwunden, so wie der Kaiser immer verschwindet, plötzlich und auf mysteriöse Weise, ohne dass jemand weiß, warum oder wohin. Ohne viel Aufhebens stieg seine bulgarische Majestät in den Zug, und wir, die kleineren Fische, folgten ihm. Ich fühlte mich dabei wie das Kamel, von dem es heißt, sein hochmütiges Auftreten rühre daher, dass er das hundertste große Geheimnis des Universums kennt, während der Mensch nur neunundneunzig kennt.

Im Laufe des Abends betrat König Ferdinand ohne Umschweife alle Abteile des Zuges und machte zu jedem einzeln einige allgemeine Bemerkungen. Er schien seine königliche Person zur Schau stellen zu wollen. Er war ein König und ein Faktor in der großen politischen Situation, und er schien ebenso entschlossen, dass niemand auf dem Balkan-Zug diese sehr wichtige Tatsache unerkannt lassen sollte.

Im Wagen neben mir reiste die Baronin von Wangenheim , die Witwe des verstorbenen deutschen Botschafters in Konstantinopel, und mit ihr ihre drei kleinen Töchter, die Ferdinand auf seinen Schoß nahm und streichelte. Es war offensichtlich, dass er mächtig zufrieden mit sich war. Als er in mein Abteil watschelte , erhoben wir uns, klickten mit den Absätzen und verbeugten uns. Er gab uns gnädig die königliche Erlaubnis, uns zu setzen , und sprach ein paar Worte mit einem Ungarn, der mit von der Partie war, in seiner eigenen Sprache. Dieser Mann erzählte mir später, dass der König die ungarische Sprache wie ein Muttersprachler spreche. Es ist bekannt , dass Ferdinand ein ausgezeichneter Sprachwissenschaftler ist. Die anderen Passagiere in meinem Abteil waren zwei deutsche Flieger in türkischen

Uniformen, die zusammen mit zehn anderen im Zug plötzlich aus Konstantinopel zurückgerufen worden waren , um, wie es hieß, an bevorstehenden Luftangriffen auf England teilzunehmen. Diese Angriffe fanden übrigens ordnungsgemäß statt und verwandelten das industrielle England laut offiziellen deutschen Berichten in einen Trümmerhaufen!

König Ferdinand spricht ganz im Stil des Kaisers. Er akzeptiert den Allmächtigen als Verbündeten. „Dank Gott", sagte er, „der uns so sehr geholfen hat, können wir in wenigen Tagen von West nach Ost durch erobertes Gebiet reisen. Wir kommen weiter. Richte allen Menschen deines Heimatlandes meinen königlichen Gruß aus." Dann zog er sich zurück und wir erlaubten uns, unseren Rücken zu entspannen.

Im Balkan- Express ist das Essen unendlich besser als in Konstantinopel, Wien oder Berlin. Man könnte von den Deutschen fast sagen, dass sie ein Auge auf Gott und das andere Auge auf die Werbung haben, falls etwas schiefgeht. Ich war überzeugt, dass das Essen im Balkan-Express allein aus Werbegründen besser war. Brotmarken sind unbekannt, und für eine Mark bekam ich ein frühes Frühstück mit Kaffee, Brötchen, Butter und Marmelade ohne Einschränkung.

Es war etwa zehn Uhr abends, als wir Belgrad erreichten, das ich, wie gesagt, unbedingt sehen wollte. Auf Nachfrage erfuhr ich, dass der Balkan-Express dort anderthalb Stunden bleiben würde, und entschlossen, nicht enttäuscht zu werden, verließ ich den Bahnhof, um durch die Stadt oder vielmehr durch die Ruinen der Stadt zu schlendern.

Eine Vorstellung von der Genauigkeit des modernen Artilleriefeuers kann man sich aus der Tatsache machen, dass die belagernden österreichischen Kanonenschützen so präzise zielen konnten, dass nicht eine einzige Granate auf den Bahnhof fiel. Man muss bedenken, dass sie von der anderen Seite der Donau an ihrer breitesten Stelle feuerten. Der österreichische Stab war sich offensichtlich darüber im Klaren , dass ihre vorrückende Armee die Eisenbahn brauchen würde, sobald die Serben zurückgedrängt worden waren, und zweifellos hatte die Artillerie die Anweisung erhalten, diesen wichtigen Punkt um jeden Preis zu verschonen. Das Bemerkenswerteste ist jedoch, dass die Häuser im Umkreis von wenigen Metern des Bahnhofs selbst völlig zerstört wurden, obwohl ich an keinem der Bahnhofsgebäude auch nur die geringste Spur erkennen konnte.

Der Kaiser war bereits in Belgrad gewesen und die Deutsche Funkagentur nutzte dies als Gelegenheit, um die Welt darüber zu informieren, dass „seit den Tagen Barbarossas, der auf seinem Kreuzzug ins Heilige Land eine Parade von über 100.000 deutschen Rittern in Belgrad abhielt, kein deutscher Kaiser mehr die Zitadelle von Belgrad betreten hatte, bis zu jenem Tag, als der deutsche Kaiser bei herrlichem Wetter eintraf und von einer österreichisch-ungarischen Ehrengarde mit Militärmusik, Geschrei und Kanonendonner begrüßt wurde .

„Der Kaiser besuchte die neue Eisenbahnbrücke, ging dann unter die festlich gekleidete Bevölkerung, die sich frei bewegen konnte, und ritt anschließend zum Ausflugsort Kalimegdan . Danach hielt der Kaiser eine Parade der deutschen Truppen ab, die die Donau überquert hatten, und hielt eine Rede, in der er ihnen dankte und sie für ihre außergewöhnlichen Heldentaten lobte. Der Kaiser überreichte den Soldaten persönlich Eiserne Kreuze.‟

Mir kam es so vor, als sei Belgrad erst vor wenigen Tagen in die Hände der Hunnen gefallen, und doch war der Fluss bereits von einer wunderbaren neuen Holzbrücke überspannt, wie sie nicht in ein paar Wochen oder Monaten hätte gebaut werden können. Aller Wahrscheinlichkeit nach waren diese und viele andere Brücken schon vor Jahren als Vorbereitung auf den großen Kampf gebaut worden , von dem nur Deutschland und Österreich wussten, dass er bevorstand. Dies war kein provisorischer Behelf, sondern genauso gut wie die schönen amerikanischen Bockbrücken, die auf den besten amerikanischen Eisenbahnen verwendet werden.

Die Deutschen schienen auf alles vorbereitet zu sein ; besonders gut sind sie auf den Kampf gegen England vorbereitet, ihren verhasstesten Feind. Ich wünschte, ich könnte die Engländer dazu bringen, über diese für sie lebenswichtige Tatsache nachzudenken. Hätte es eine Invasion Englands gegeben, was heute glücklicherweise unmöglich erscheint, wäre dem Land die Wahrheit mit tragischer Plötzlichkeit bewusst geworden. Die Deutschen waren nicht nur bereit für den Krieg, sondern verbesserten im Verlauf des Krieges unaufhörlich ihre *Ausrüstung* . Wo immer ich auch hinkam, sah ich Beweise dafür.

Als ich zum Bahnhof zurückkehrte, nachdem ich gerade das schreckliche Schicksal gesehen hatte, das die serbische Hauptstadt ereilt hatte, konnte ich nicht anders, als mich zu fragen, warum England anscheinend nicht in der Lage ist, die Gefahr zu erkennen, in der es steht. Ich beziehe mich natürlich auf die Bevölkerung im Allgemeinen, denn viele der hochrangigen Politiker, da bin ich überzeugt, machen sich keine Illusionen über die politische und strategische Lage.

Ich war etwas überrascht, dass der Balkan-Zug in Belgrad nicht den üblichen begeisterten Empfang fand. Vielleicht lag das an der späten Stunde seiner Ankunft, aber wahrscheinlicher daran, dass die Zivilbevölkerung der Stadt praktisch verschwunden ist. Belgrad ist jetzt das österreichische Hauptquartier an dieser Front und im Wesentlichen eine Militärstadt.

Wir verließen den Bahnhof kurz vor Mitternacht und kamen am nächsten Morgen zwischen neun und zehn Uhr in Buda Pest an . In der ungarischen

Hauptstadt wurde der Werbezug mit großem Beifall empfangen – Ovationen wäre ein besseres Wort. Am Nordbahnhof war eine riesige Menschenmenge versammelt, die größte, die ich je an einem Bahnhof gesehen habe. Die aufgeregten Ungarn überschlugen sich in ihrer Begierde, in die Nähe des Zugs zu kommen. Dem Lokführer und Heizer wurde Wein gebracht , und die Passagiere mit ihren kleinen Balkan-Zug-Flaggen in den Knopflöchern ihrer Mäntel wurden sofort gefeiert und erlebten – zumindest einmal in ihrem Leben – das Gefühl, Volkshelden zu sein. Die Menge klopfte ihnen auf die Schulter, bestand darauf, ihnen die Hand zu schütteln, gurrte über sie, krähte über sie und lachte vor hysterischer Freude. Welche Freude es einem Mann bereiten kann, der aus dem Fenster eines Eisenbahnwaggons lehnt, wenn er völlig Fremden die Hand schüttelt, kann ich mir nicht vorstellen; doch schien es den Passagieren und der Bevölkerung gleichermaßen große Befriedigung zu verschaffen.

In Buda Pest wurde der Balkan-Zug aufgeräumt und vorzeigbar gemacht. Männer mit kleinen Leitern putzten die Fenster , und die Abteile und Gänge wurden gefegt. Zu meiner großen Überraschung stellte ich fest, dass diese Arbeit von großen, bärtigen Männern in russischen Uniformen erledigt wurde. Ich sprach mit einem oder zwei von ihnen, aber sie konnten nur sehr wenige Worte Deutsch. Sie erklärten, dass sie russische Gefangene seien. Ich war überrascht, dass sie keinerlei Wachen bei sich hatten und scheinbar unbeaufsichtigt waren. Ich sprach mit einem Mitreisenden, dem Ungarn, den ich zuvor erwähnte, über diese Tatsache, der mir sagte, dass die Männer völlig sich selbst überlassen waren und dass sie mit ihrem Los zu zufrieden waren, um einen Fluchtversuch zu unternehmen . Er sagte, sie seien freundlich behandelt worden und hätten immer ihre Zufriedenheit darüber zum Ausdruck gebracht, dort zu sein, wo sie waren, und es viel lieber gehabt, als nach Russland zurückzukehren, um dort zu kämpfen. Ich machte mir jedoch in dieser Hinsicht keine Illusionen. Ein russischer einfacher Soldat ist nicht so dumm zu glauben, dass er die geringste Chance hat, aus einem feindlichen Land zu entkommen, wenn er nur ein paar Wörter der dort gebräuchlichen Sprache beherrscht. Wahrscheinlich haben die Russen festgestellt, dass die beste Methode, eine gute Behandlung zu gewährleisten, darin besteht, den gesamten Inhalt vorzutäuschen.

Werbung per Bahn ist nichts besonders Neues. Ich habe das in Kanada und den Vereinigten Staaten von Amerika gesehen; aber die Werbung für einen Sieg per Bahn ist wohl die überzeugendste Methode, die ich je erlebt habe, um eine großartige Nachricht zu verbreiten. Jeder, der den Balkan-Zug gesehen hat, wird jedem anderen erzählen, dass er das nicht nur einmal, sondern viele Male getan hat. Diese Leute werden es wiederum anderen erzählen und die Geschichte ein wenig ausschmücken, und so wird der Ball immer weiterrollen. Der Balkan-Zug wird in zahllosen Zeitschriften fotografiert und beschrieben, und er erscheint auf Myriaden von Postkarten. Ich habe in England noch nie eine solche Begeisterung erlebt, außer im Zusammenhang mit einem berühmten Fußballspieler, dem Idol einer Menge von fünfzig- oder sechzigtausend Menschen. Es wäre ungerecht, in dieser Hinsicht einen Vergleich zwischen deutschen und englischen Methoden anzustellen.

In Buda Pest teilte sich der Werbezug in zwei Teile. Eine weitere Lokomotive mit Flagge erschien, wie ein Bräutigam, der seine Braut sucht: in diesem Fall war es nur eine halbe Braut. Die eine Hälfte des Zuges fährt nach Berlin und die andere nach Wien. Da es mein Ziel war, so schnell wie möglich nach England zu kommen, um der *Daily Mail meinen Bericht über des Kaisers Gesundheit und König Ferdinands berühmtes Bankett zu geben* , beschloss ich, nach Wien zu fahren. Ich war einer der sehr wenigen Passagiere, die in die österreichische Hauptstadt fuhren. Die Offiziere und die Flieger fuhren weiter nach Berlin. Diejenigen von uns, die aus Konstantinopel gekommen waren, freuten sich auf etwas besseres Essen, das wir in Wien zu bekommen hofften. Bis jetzt hatte die neu eröffnete Strecke nach Konstantinopel lediglich Zeit, den Balkan-Zug und die Militärzüge aufzunehmen, die Armeevorräte, Männer und Munition für Bagdad, den Kaukasus oder die ägyptischen Unternehmungen, möglicherweise für alle, transportierten. Mein letzter Blick auf die Berliner Hälfte des Balkan-Zugs war die noch immer hysterische Menschenmasse, die versuchte , die kleinen Flaggen zu kaufen, die die Passagiere trugen. Später, in Wien, bot man mir 20 Kronen (etwa 16 Schilling) für meine an, aber ich lehnte ab. Später bot man mir eine viel größere Summe an.

Während der Fahrt nach Wien unterhielt ich mich mit einem türkischen Herrn und seiner Frau und Tochter. Ich fand es sehr amüsant zu hören, dass die Frauen, obwohl sie Konstantinopel verschleiert und in orientalischer Tracht verlassen hatten, nach Überqueren der Grenze europäische Kleidung anzogen und den Schleier fallen ließen. Sie äußerten die Meinung, dass die Hungersnot in Konstantinopel nun ein Ende haben würde, nachdem die Deutschen die Türkei mit der berühmten Eisenbahn erschlossen hätten. Ich persönlich hatte Zweifel, die ich taktvoll nicht äußerte.

Ich hatte Deutschland in Kriegszeiten gesehen und mehrere seiner wichtigsten Städte besucht, und ich wusste, dass es, was auch immer die deutschen Zeitungen der Welt erzählen mögen, in keinem Teil des Landes, den ich besucht hatte, einen Überschuss an Nahrungsmitteln gab. Der alte türkische Herr war klug und freundlich und drückte sein Bedauern über die Schließung aller französischen Schulen in Konstantinopel aus. Er teilte freiwillig mit, dass er seinen Sohn zur Ausbildung an eine Schule in die französische Schweiz geschickt hatte, damit er die Prinzipien des deutschen Militarismus nicht verinnerliche.

Wien bereitete dem Zug einen, wie die Zeitungen es nennen, stürmischen Empfang. Sogar die Beamten gaben nach, und die Zollbeamten und andere Funktionäre ersparten uns die üblichen Untersuchungen und Verhöre. Nicht einmal unsere Pässe wurden untersucht . Ich kam zu dem Schluss , dass es eine große Tugend war, mit dem ersten Balkan-Zug von Konstantinopel nach Wien zu reisen . Da ich jedoch die Vorgehensweisen der Militärbehörden im Kriegsgebiet kannte und wusste, dass ich später meine Ankunft in Wien nachweisen musste, bestand ich darauf, meine Papiere am Bahnhof von den Militärbehörden abstempeln zu lassen.

In Wien wurden die Fahrkarten von den Passagieren eingesammelt, wenn sie den Bahnhof verließen. Ich hatte mir vorgenommen, alles zu tun, um meine zu behalten, da sie neben meinem Reisepass von allen meinen Papieren das wichtigste war. Als ich gerade die Schranke passieren wollte, streckte ein Beamter seine Hand nach meiner Fahrkarte aus. Ich erklärte ihm, dass ich als Passagier des Balkan-Express aus sentimentalen Gründen darauf bedacht sei, sie zu behalten. Ich vergoldete meine Bemerkungen mit einem Trinkgeld von fünf Kronen , was ihn anscheinend zufriedenstellte, denn er riss sehr freundlich einen Teil der Fahrkarte ab und gab mir den Rest zurück. Ohne diese offizielle Bestechlichkeit wäre ich nicht in der Lage gewesen, dieses wertvolle Beweisstück in diesem Band wiederzugeben.

Meine Reise von Wien nach Konstantinopel über Bukarest hatte fünf Tage gedauert. Durch die Eröffnung der direkten Verbindung Wien-Konstantinopel verkürzte sich diese Zeit auf zwei Nächte und zwei Tage – 50 Stunden, um genau zu sein. Schon jetzt erreicht der Zug die verschiedenen Bahnhöfe mit bemerkenswerter Pünktlichkeit, immer innerhalb von fünf Minuten nach der geplanten Zeit, was an sich schon ein Triumph der deutschen Organisation ist .

KAPITEL XII

FRANZÖSISCHE GRÜNDLICHKEIT

Ich verlasse Wien – ich werde zurückbeordert – ich riskiere
es, meine Reise fortzusetzen – ein freundlicher ungarischer
Offizier – über die Schweizer Grenze – meine Offenheit,
mein Verhängnis – der französische Oberbeamte – ich
werde irgendwo in Frankreich festgehalten – meine
Proteste fruchtlos – ich werde verdächtigt, an der Pest
erkrankt zu sein – zurückgelassen – *die Daily Mail* kommt
mir zu Hilfe – überschwängliche Entschuldigungen – ich
fahre nach Paris – „Sie werden England nie überzeugen" –
endlich London – Ruhe.

Ich hatte nur vier Stunden in Wien, und in dieser Zeit gab es eine Menge zu
tun, was ich hier besser nicht im Detail beschreibe, damit ich niemandem
Ärger mache. Der Zug nach Feldkirch , dem Bahnhof an der österreichisch-
schweizerischen Grenze, von dem ich vor ein paar Wochen aufgebrochen
war, wollte gerade abfahren, als ich in den Waggon stieg und mein
Handgepäck hinter mir verstaute .

Ich begann nun, freier zu atmen, da ich auf dem Weg in ein neutrales Land
war. Nach etwa einer Stunde, als ich mich wirklich berechtigt fühlte, mir zu
gratulieren, dass ich praktisch in Sicherheit war, kam ein Beamter in mein
Zugabteil und verlangte den Pass jedes Passagiers. Er untersuchte meinen
mit jener langsamen und irritierenden Bedächtigkeit, die diesen Beamten
eigen ist, und blickte plötzlich auf und sagte:

„Das ist nicht von der Polizei unterschrieben."

„Welche Polizei?", fragte ich.

„Die Polizei von Wien", antwortete er.

„Das ist doch nicht nötig", bemerkte ich. „Ich bin erst um drei Uhr mit dem
Balkan-Express angekommen und habe meinen Pass am Bahnhof
abstempeln lassen." Man wird sich erinnern, dass ich darauf bestanden hatte,
da ich mögliche Schwierigkeiten voraussah.

„Ich fürchte", sagte er, „dass Sie an der nächsten Station aussteigen und
zurückfahren müssen." Er war äußerst höflich, aber sehr bestimmt.

Ich sagte, dass ich gerade von einem sehr wichtigen Besuch zurückkäme und
zeigte ihm das Dokument, das ich im Kriegsministerium erhalten hatte . Das
Pressbüro in Wien hatte bereits viele Male die Situation gerettet.

„Gut, wenn Sie die Grenzbehörden zufriedenstellen können", antwortete er, „habe ich nichts zu sagen."

Ich fühlte mich sehr unwohl, beschloss aber, weiterzugehen. Es wäre in der Tat eine Ironie, wenn man mich in unmittelbarer Nähe der Sicherheit entdecken würde. Ich schlief in dieser Nacht sehr wenig, und als wir am folgenden Nachmittag in Feldkirch ankamen, wappnete ich mich für einen letzten Kampf mit den Behörden. Ich sah mich besorgt um, ob der Beamte, dem ich im Zug begegnet war, nach Feldkirch gekommen war , und ich war sehr erleichtert, dass er nirgendwo zu sehen war .

Wir wurden alle in einen großen Warteraum geführt , denselben Warteraum, den ich vor einigen Wochen bei Antritt meiner Reise betreten hatte. Einer nach dem anderen wurden die anderen Passagiere in den angrenzenden Raum gelassen, so wie sie zuvor eingelassen worden waren, und am selben Tisch sah man fünf Militäroffiziere, die rauchten und zu Gericht saßen. Als ich den Raum betrat , fühlte ich mich wie ein Gefangener, der die Stufen zum Dock im Old Bailey hinaufgeht, um sein Urteil entgegenzunehmen.

Das Glück, das mich während meiner gesamten Reise begleitet hatte, verließ mich jedoch im letzten Moment nicht, denn mein Prüfer war ein sehr netter junger Ungar, der sich so für den Bericht meiner Reise und das, was ich in Konstantinopel gesehen hatte, interessierte, dass er meine Papiere einer sehr oberflächlichen Prüfung unterzog. Die Papiere selbst waren , dank meiner sorgfältigen Vorsichtsmaßnahmen, in perfekter Ordnung, abgesehen vom Fehlen der lächerlichen und unnötigen Aufschrift der Wiener Polizei. Dieser junge Beamte begleitete mich dann zum Zug, gab mir seine Karte und bat mich, ihn das nächste Mal aufzusuchen, wenn ich in Buda Pesth sei . Natürlich werde ich das nicht tun, aber es war nicht im Geringsten schuld, dass er mich durchließ. Das Schlimmste, was er hätte tun können, wäre gewesen, mich nach Wien zurückzuschicken, damit mein Pass von der Polizei unterschrieben werden könnte, und mein Freund, der Hofrat , hätte dafür gesorgt, dass in dieser Hinsicht keine Schwierigkeiten auftauchen würden.

Als ich die Grenze bei Buchs in der Schweiz überquert hatte, atmete ich wie ein Gefangener, der seine Freiheit wiedererlangt. Sieben Wochen lang war ich in ständiger Gefahr, entdeckt zu werden, und während dieser Zeit war ich gezwungen, mich zu verstellen und mich und andere ständig zu beobachten, damit nicht eine zufällige Bemerkung von mir in den Köpfen meiner Mitmenschen Verdacht erregen könnte. Die psychische Belastung war enorm gewesen, und dies hatte Auswirkungen auf den Körper, denn während dieser sieben Wochen verlor ich über 6 Kilo an Gewicht.

Ich glaube nicht, dass ich ein Feigling bin, jedenfalls kein größerer Feigling als der Durchschnittsmensch , aber ich war hocherfreut, wieder in Sicherheit zu sein. Niemand, der nicht selbst eine solche Erfahrung wie ich gemacht hat, kann das Gefühl der Begeisterung und Freude verstehen, das mit dem Wissen einhergeht, endlich ein völlig freier Mensch zu sein.

Meine Reise von Konstantinopel in die Schweiz war wahrscheinlich ein Rekord, zumindest seit Kriegsbeginn ; aber leider sollte ich in Zukunft nicht mehr so schnell vorankommen. Die Beamten an der französischen Grenze waren viel anspruchsvoller als die des Feindeslandes, durch das ich gereist war, und ich zolle ihnen gerne meinen Tribut für ihre Effizienz, obwohl ich ihnen gleichzeitig sagen möchte, dass sie mir erhebliche Unannehmlichkeiten bereitet haben. In Bern musste ich vier Stunden auf den Zug warten, der nicht mehr direkt nach Paris fährt, da die Passagiere in Pontarlier umsteigen müssen . Bei meiner letzten Reise auf dieser Strecke fuhr der Zug direkt von Bern nach Paris. Der Grund für diese Änderung, so erfuhr ich, war, dass Spione Dokumente in den Waggons versteckten, bevor sie persönlich untersucht wurden, und als sie „durchgelassen" wurden, fanden sie ihre fehlenden Papiere wieder und setzten die Reise mit den Dokumenten fort. Dementsprechend arrangierten die Behörden es sehr klug, dass die Passagiere in Pontarlier an der schweizerisch-französischen Grenze umsteigen mussten. Man wird sehen , dass Klugheit und Subtilität kein Monopol der Deutschen sind.

Eine Zeit lang schien Pontarlier das Waterloo meiner kleinen Reise zu werden. Durch gewisse Mittel - die ich hier nicht preisgeben möchte - hatte ich mich in eine Lage gebracht, in der ich jede Etappe meiner Reise durch Dokumente belegen konnte, die ich vorlegen wollte, falls die Deutschen die Richtigkeit meiner Aussagen leugnen oder meine Glaubwürdigkeit von anderer Seite angezweifelt werden sollte. Da ich die Deutschen gut kenne, bin ich überzeugt, dass Dr. Hammann , der Leiter des Deutschen Pressebüros, einen von zwei Wegen einschlagen würde. Entweder würde er die Veröffentlichung auch nur eines einzigen Wortes meiner Geschichte in den deutschen Zeitungen verbieten oder er würde deren Genauigkeit offen anfechten. Anscheinend hat er sich für den ersteren Weg entschieden, denn in keiner deutschen oder übrigens auch in keiner österreichischen Zeitung, soweit ich weiß, ist ein Wort darüber erschienen. Die deutschen Berichte über das Bankett in Nisch stellen den Kaiser in heiterer Stimmung dar. Welch eine Travestie der Wahrheit!

Da ich mich nun in Frankreich befand und mir meiner Sympathien für die Alliierten bewusst war, dachte ich, es könne nicht schaden, alle meine Dokumente offenzulegen. Als ich an die Reihe kam, vom *Commissaire* verhört zu werden , sagte ich daher geradeheraus, ich käme aus Konstantinopel. Statt als Held gefeiert zu werden, gab man mir, wenn auch höflich, zu verstehen, dass ich mich aller Wahrscheinlichkeit nach für diese Vorgehensweise entschieden und alle meine Papiere vorgezeigt hatte, weil ich nicht bloß ein

Spion, sondern ein Superspion war, der auf die brillante Idee gekommen war, der beste Plan, um an den französischen Behörden vorbeizukommen, bestehe darin, eine Haltung kolossaler Aufrichtigkeit vorzutäuschen . Vergeblich protestierte und erhob ich Einwände. Vergeblich betonte ich , dass ich unbedingt so schnell wie möglich in London eintreffen müsse. Ich schlug vor, dass sie, falls sie mir misstrauten, einen Beamten mit mir schicken könnten, jeden Beamten, den sie hatten, und dessen Spesen ich nach Paris bezahlen würde, wo sie sich in der Pariser Redaktion der *Daily Mail leicht davon überzeugen könnten* , dass ich das war, was ich vorgab zu sein. Von deutscher Gründlichkeit, deutscher Vorsicht und deutschem Patriotismus kann man da nur reden! Die Deutschen können sich viel von diesen übermäßig höflichen, aber strengen französischen Beamten abschauen, die sich durch Schmeicheleien, die in Deutschland so weit reichen , nicht überzeugen lassen . Wenn der Beamte, dem ich begegnet war, dachte, ich sei ein Superspion, dann bin ich davon überzeugt, dass er ein Superbeamter war. Jetzt, wo alles vorbei ist, empfinde ich für ihn nur Bewunderung, aber damals weckte seine beharrliche Höflichkeit in mir das Gefühl, ich würde ihn am liebsten schlagen.

Nichts war ihm recht, außer dass ich mich ausziehen sollte , und das teilte er mir in den höflichsten Ausdrücken mit, worauf ich ihm mit einiger Schärfe meinte, dass er auch dann höflich bleiben würde, wenn er mich zur Guillotine führen würde! Trotzdem musste ich mich ausziehen.

Meine Papiersammlung, die für so viele angesehene und hochrangige Leute in diesem Land eine Quelle des Interesses war, wurde genauestens untersucht, und bestimmte Karten und andere wichtige Dokumente, deren Interesse eher militärischer als journalistischer Natur ist, wurden mir vorübergehend abgenommen. Ich war in panischer Angst. Die Minuten vergingen, und die Abfahrtszeit des Pariser Zuges rückte näher. Ich flehte die Behörden an, nach Paris zu telefonieren, und dann spielten sie ihren Trumpf aus. Sie teilten mir mit, dass sie sich gezwungen sahen, mich für eine medizinische Untersuchung am nächsten Morgen festzuhalten, da sie wussten, dass ich über Österreich gekommen war und dass die Pest in Ungarn weit verbreitet war. Es war inzwischen Mitternacht. Weder meine Vorwürfe noch meine Bitten hatten die geringste Wirkung auf den teilnahmslos höflichen Franzosen. Ich bin fest davon überzeugt, dass sie mich auf Maul- und Klauenseuche, Rotz oder Rinderpest hätten untersuchen lassen, wenn es in Ungarn keine Pest als Entschuldigung für meine Festhaltung gegeben hätte. Einer der qualvollsten Momente meines Lebens war, als ich hörte, wie der Pariser Express langsam den Bahnhof verließ. Von allen Passagieren war ich der Einzige, der zurückgeblieben war, und ich war von allen Passagieren derjenige, der es am meisten eilig hatte, nach Paris zu kommen.

Bald kam mir die Philosophie zu Hilfe, und ich argumentierte, wie sehr es dem Leben ähnelte. Nach den vielen Gefahren, die ich in feindlichen Ländern auf mich genommen hatte, wo ich nicht einmal von den Beamten aufgehalten worden war, wurde ich hier, unmittelbar nachdem ich vermeintlich freundlichen Boden erreicht hatte, immer wieder von Beamten verhört, ins Kreuzverhör genommen und erneut verhört, deren jedes Wort Misstrauen ausdrückte. Ich war jeder vorherigen Untersuchung, der ich unterzogen worden war , gewachsen gewesen, und nun strandete ich genau im Moment des Erfolgs im Land eines der Alliierten, für den ich so große Bewunderung empfand. „ *Gott Ich bin Himmel !* “, murmelte ich, „ verschone mich vor meinen Freunden.“

Wenige Minuten nach Abfahrt des Zuges kam eine telefonische Antwort aus Paris, in der meine Integrität garantiert und darum gebeten wurde, mir alle möglichen Erleichterungen zu gewähren. Dies führte zu einer offiziellen *Kehrtwende* . Die Höflichkeit blieb dieselbe, aber es gab umfassende und angemessene Entschuldigungen. Die französischen Behörden schienen aufrichtig betrübt über die Unannehmlichkeiten, die sie mir bereitet hatten. Tatsächlich konnte nichts freundlicher und höflicher sein als die Behandlung, die ich in Pontarlier erfuhr . Trotz der Verzögerung, die diese Männer mir bereitet hatten, respektierte ich ihre Gründlichkeit. In Kriegszeiten ist es besser , auf Nummer sicher zu gehen, wenn es denn schon zu Fehlern kommen muss.

Ich bezweifle, dass ich diese freundlichen Worte damals hätte schreiben können. Ich war zu gereizt, um bei irgendjemandem Tugendhaftigkeit anzuerkennen , am allerwenigsten bei einem französischen Beamten. Bis fünf Uhr am nächsten Nachmittag fuhr kein Zug, und das, so erfuhr ich , war ein Omnibuszug, der an jedem Bahnhof zwischen Pontarlier und Dijon hielt.

Man teilte mir mit, dass ich, wenn ich diesen Zug nehme, statt auf den späteren Express zu warten, zwei Stunden auf dem Weg nach Paris einsparen könnte. Im Hotel de la Poste in Pontarlier schlief man schon lange, aber ich weckte es, hocherfreut über die Möglichkeit, jemand anderem zur Last zu fallen, und verbrachte eine elende Nacht voller Kummer und Sorgen. Würde es weitere Schwierigkeiten geben? Würde ich jemals nach London gelangen? Sollte ich aus irgendeinem Grund in Paris aufgehalten werden? Man darf nicht vergessen, dass mir eine großartige Story im Kopf herumging. Nur ein Journalist kann den Instinkt verstehen, der einen Mann, der ein „gutes Exemplar“ erhalten hat, dazu veranlasst, zum nächsten Ort zu eilen, wo dieses Exemplar gedruckt werden kann.

Kriegszeiten mit Dokumenten und Karten im Gepäck umhergereist ist, hat die geringste Vorstellung von den Schwierigkeiten, die man mit den

Behörden haben kann, und diese haben natürlich allen Grund, misstrauisch zu sein.

Es war um drei Uhr nachmittags am 25. Januar, genau eine Woche nach dem historischen Bankett in Nisch, als ich London erreichte und ohne Pause in die Redaktion der *Daily Mail* ging, wo ich kaum noch Kraft hatte, den Bericht über mein Treffen mit dem Kaiser in Nisch zu schreiben. Dann machte ich mich auf den Weg zu meinem Hotel, genoss ein luxuriöses Bad und schlief lange, lange. Ich war völlig erschöpft.

Man muss bedenken, dass ich eine Woche lang ununterbrochen unterwegs war, nämlich vom Abend des Banketts in Nisch am 18. Januar bis 15 Uhr am 25. Januar. In Serbien und Österreich waren alle Schlafwagen von den Behörden beschlagnahmt worden, was die Reise noch anstrengender machte; aber ich hatte die Genugtuung, dass ich meine Anweisungen befolgt und das mitgebracht hatte, was man mir aufgetragen hatte – eine lebendige Geschichte.

Ich hatte die Genugtuung, der britischen Öffentlichkeit die Augen für die seltsame Migration der Deutschen in den Nahen Osten zu öffnen. Ich kann ihnen mit einer Überzeugung, die bei mir fast leidenschaftlich ist, sagen, dass, wenn die Alliierten keinen vernichtenden Sieg erringen, die deutsche Besetzung Kleinasiens Englands Kontrolle über Indien, Englands Kontrolle über Ägypten und die russische Sicherheit im Kaukasus bedrohen wird und Deutschland eine riesige Kornkammer öffnen wird, die die Wirkung der britischen Blockade vollständig zunichte machen und die gesamte Weltgeschichte verändern wird . Ich bin kein Panikmacher, ich bin ein Journalist, der viele seltsame Dinge gesehen hat, Dinge, die kein anderer Mann, weder einer neutralen Macht noch einer Entente-Macht, gesehen hat, und als Journalist verstehe ich bis zu einem gewissen Grad die Beziehung zwischen Ursache und Wirkung. „Sie werden England nie von seiner Gefahr überzeugen", bemerkte kürzlich jemand zu mir. „Aber warum?", fragte ich; „welchen möglichen Grund kann ich damit haben, zu übertreiben oder zu lügen? Ich bin kein Politiker, ich bin nicht einmal Engländer, und ich bin mir der Gefahr sehr bewusst, in der die Sache der Entente steckt, weil gewisse Teile der Öffentlichkeit von Apathie erfasst worden zu sein scheinen." Die Antwort meines Freundes war ein Lächeln.

Auch für mich war es eine große Freude, zu zeigen, wie eine gut organisierte Zeitung ein wirksames Mittel zur Informationsbeschaffung für eine Nation im Krieg sein kann. Die Polizei dieses Landes hat den Wert der Presse bei der Aufklärung von Verbrechen schon lange erkannt , und ich denke, die Regierung wird den Journalisten heute ebenso respektieren wie einen Geheimdienstagenten, wenn auch nur einen Ehrenagenten. Ich kenne mindestens eine Zeitung, die in den feindlichen Ländern eine ganz wunderbare Organisation zur Informationsbeschaffung hat, und diese Organisation wird von keiner Regierung der Entente-Mächte übertroffen .

Ein Wort der Warnung an die britischen Beamten, die derzeit als Konsuln und Minister tätig sind. Sie müssen sich darüber im Klaren sein, dass es in diesem Krieg um die Existenz ihres Landes geht, und sie dürfen sich nicht durch verlogene Aussagen in der Presse in falscher Sicherheit wiegen lassen. Ein angesehener englischer Diplomat in einem neutralen Land, ein Mann, dessen Name in der diplomatischen Welt wohlbekannt ist, sagte mir erst vor wenigen Wochen: „Und glauben diese dummen Deutschen wirklich, dass sie gewinnen werden?" und seine Bemerkung war von einem überlegenen und ungläubigen Lächeln begleitet.

„Aber natürlich tun sie das", antwortete ich, „und wenn England nicht aufwacht, werden sie das vielleicht auch tun." Ich war verärgert über den Mann.

KAPITEL XIII

Die deutsche Bedrohung

Nachträgliche Überlegungen – Der große Faktor – Wehrdienst – Falsche Ideale in Bezug auf den deutschen Soldaten – Die Gefahr, Deutschlands Ressourcen zu unterschätzen – Großbritanniens Helfer – Vernichtet die Deutschen – „Wartet, bis wir in England sind."

Jetzt, da ich wieder in London bin und in Ruhe über meine jüngsten Erlebnisse nachdenke, kann ich nicht anders, als mich unbehaglich zu fühlen. Ich sehe vor meinem geistigen Auge wieder, als säße ich bei einer Kinematographen- Vorführung, jene Tausende junger, kräftig aussehender Deutscher auf ihrem Weg in den Nahen Osten. Ich sehe die prächtigen neuen Brücken und die wiederaufgebauten Tunnel in Serbien. Ich höre die Menschenmassen an verschiedenen Bahnhöfen dem Balkan-Express auf seinem Weg zurück nach Berlin zujubeln. „Sind sich die Menschen in diesem Land", frage ich mich, „der Ernsthaftigkeit der gegenwärtigen Lage voll bewusst? Ist sich die Regierung dieses Landes voll bewusst , dass der Krieg selbst nicht erfolgreich beendet werden kann, wenn man der britischen Flotte nicht erlaubt, ihre Macht zu zeigen und die Nahrungsquelle der deutschen Kriegsmaschinerie abzuschneiden?"

Seit ich Anfang November London verließ, haben sich große Veränderungen ergeben. Bei meiner Rückkehr erfuhr ich, dass die Wehrpflicht von der Regierung eingeführt und vom Volk akzeptiert wurde. Für mich war das die beste Nachricht, die ich seit vielen Monaten gehört hatte. Ein Schritt näher zum Sieg, sagte ich mir.

Endlich hat das britische Volk begriffen , dass der Zwang, sein Geburtsland zu verteidigen , keine Schande ist, und es hat gelernt, dass dies in keiner Weise seine persönliche Freiheit bedroht. Die Franzosen und Holländer, um zwei Länder zu nennen, die für ihre Liebe zu Unabhängigkeit und Freiheit berühmt sind, haben es nie als Verstoß gegen ihre Freiheit angesehen und werden es auch nie als Verstoß gegen ihre Freiheit betrachten, gezwungen zu werden, zu lernen, wie man sich in der Stunde der Not verteidigt. Ein Engländer betrachtet es nicht als Schande, gezwungen zu werden, seine Steuern und Abgaben zu zahlen; warum sollte es nicht als Ehre , und zwar als eine sehr große Ehre , angesehen werden, gezwungen zu werden, die größte Freiheit zu verteidigen, die die Untertanen irgendeines Landes je gekannt haben – sein Leben für sein Vaterland zu geben ?

Die Einführung des Wehrpflichtplans hat mir die größte Befriedigung verschafft, aber es besteht noch eine weitere Gefahr, der nicht nur das britische Volk, sondern auch die britische Regierung selbst ausgesetzt ist: die Unterschätzung der Macht und der Ressourcen der deutschen Bedrohung. Die irreführenden Behauptungen, die im vergangenen Jahr in vielen englischen Zeitschriften erschienen sind, wonach Männer mit fünfzig und Jungen mit fünfzehn Jahren an die Front geschickt werden, weil die deutschen Arbeitskräfte erschöpft sind, haben unermesslichen Schaden angerichtet, indem sie Tausende von Menschen davon überzeugt haben, dass das Ende des Krieges nahe ist und dass es den Sieg der Entente-Mächte bedeuten wird. Die Deutschen kämpfen nun schon seit achtzehn Monaten und sind noch weit davon entfernt, besiegt zu sein.

Man kann zu seiner eigenen Zufriedenheit zu dem Schluss kommen , dass der deutsche Widerstand angesichts des Frühlings und ausreichender Munition zusammenbrechen wird. Der deutsche Widerstand wird niemals zusammenbrechen; er wird einen ebenso guten Verteidigungsfeldzug führen, wie er eine Reihe von Angriffsfeldzügen geführt hat. Einen Feind zu unterschätzen bedeutet, die eigenen Siegchancen zu untergraben.

Kurz nach meiner Rückkehr nach England sprach ich mit einem Franzosen, der seit einiger Zeit in diesem Land lebt. Er schien davon überzeugt zu sein, dass die Deutschen in den Schützengräben in Frankreich nur alte Männer und Jungen hätten und dass sie eine reine Armee von Feiglingen seien.

„Wenn das der Fall ist", antwortete ich, „wenn es sich wirklich um eine Armee von Feiglingen handelt, die ihre Waffen niederlegen und die Hände heben, sobald sie angegriffen werden, warum wirft die glorreiche französische Armee sie dann nicht über den Rhein zurück?"

Darauf antwortete mein Freund nicht. Ich erzähle den Vorfall nur, um zu zeigen, wie viele hervorragende Menschen sich selbst hypnotisieren und glauben, die Deutschen seien Feiglinge. Jeder britische „Tommy", der an einem Angriff auf die deutschen Schützengräben teilgenommen oder geholfen hat, die Linien gegen einen deutschen Ansturm zu halten, wird meine Meinung bestätigen, dass die Deutschen alles andere als Feiglinge sind.

Es wird den Alliierten nichts nützen, die deutsche List und Effizienz zu unterschätzen. Ich bin fest davon überzeugt, dass Großbritannien auf lange Sicht weitaus besser durchhalten kann als seine Feinde; aber Großbritannien kämpft nicht allein, es muss Frankreich, Russland und Italien berücksichtigen und diesen Kampf mit der größtmöglichen Geschwindigkeit beenden.

Es ist die Pflicht dieses Landes, seine ganze Männlichkeit einzusetzen und alle seine Ressourcen für den großen Kampf, der in unmittelbarer Nähe bevorsteht, zu schonen. Kurz gesagt, alle müssen die große deutsche Gefahr erkennen. Weg mit den Samthandschuhen! Weg mit allen Gedanken an die Haager Konvention! Bekämpfe das rücksichtslose, grausame, wilde Tier, das in Europa ausgebrochen ist, bekämpfe es mit allen dir zur Verfügung stehenden Waffen! Wenn Großbritannien zulässt, dass dieses Tier es besiegt, wird es kein Mitleid geben und das glorreiche Britische Empire wird der Vergangenheit angehören . Die Tausenden und Abertausenden junger Männer des Empire aus allen Teilen der Welt, die auf den Schlachtfeldern Frankreichs und Gallipolis gestorben sind, werden dann nicht umsonst gestorben sein und das glorreichste Denkmal zur Erinnerung an diese gefallenen Helden wird die vollständige Niederlage der brutalen Hunnen sein.

Dies ist nicht die Stunde, nach persönlichem Ruhm zu streben, aber es ist der Moment, nach Effizienz zu streben, sei es auf dem Schlachtfeld oder auf den Regierungsbänken im Unterhaus.

Briten und Neutrale, die dieses, für mich, liebe alte Land und alles, wofür es steht, lieben, sollten alles daran setzen, Deutschland zu vernichten. Die Fehler, die gemacht wurden, sind größtenteils fast entschuldbar. Niemand kann erwarten, dass sich ein Land, das immer antimilitaristisch war, in kurzer Zeit in eine hoch organisierte Militärmacht verwandeln kann. Die Deutschen selbst haben etwa vierzig Jahre gebraucht, um dies zu erreichen. Ich wiederhole , Deutschland ist noch weit davon entfernt, besiegt zu sein. Persönlich glaube ich fest an den endgültigen Sieg der Alliierten, aber nur, wenn jeder Mann nach seinen Möglichkeiten das Gewicht seines Einflusses, seines Geldes oder seines Lebens in die Waagschale wirft. Dann, und nur dann, werden wir sehen, wie die deutsche Kriegsmaschinerie Stück für Stück zusammenbricht und wieder einmal Frieden in ein von Streit zerrissenes und von Blut getränktes Europa einkehrt.

Frankreich, Russland und Italien sind lediglich Großbritanniens Helfer. Großbritannien ist der wahre Gegner des deutschen Militarismus. Es ist das große Lagerhaus, aus dem Vorräte und Munition fließen und ohne das seine Verbündeten den Kampf nicht fortsetzen können. Es ist das Schicksal, der große Faktor bei der Zerschlagung der deutschen Ambitionen und ihrer wahnsinnigen Gier nach weltweiter Vorherrschaft zu sein. Deutschland ist für dieses Jahrhundert das, was Napoleon im letzten war: eine Bedrohung für die individuelle und nationale Unabhängigkeit. Man hat gesehen , was die deutsche Kultur für Belgien und Serbien getan hat. „Warten Sie, bis wir nach England kommen!" ist eine Bemerkung, die ich aus deutschem Mund gehört habe, ausgesprochen in einem so bedeutsamen, so unheilvollen Ton, dass ich unwillkürlich erschauderte.